RENATO GRINBERG
autor do best-seller A estratégia do olho de tigre

atitudes
extraordinárias

CARO LEITOR,

Queremos saber sua opinião sobre nossos livros.
Após a leitura, curta-nos no facebook.com/editoragentebr,
siga-nos no Twitter @EditoraGente,
no Instagram @editoragente
e visite-nos no site www.editoragente.com.br.
Cadastre-se e contribua com sugestões, críticas ou elogios.

RENATO GRINBERG
autor do best-seller A estratégia do olho de tigre

atitudes extraordinárias

10 princípios fundamentais
para desafiar padrões,
criar seu caminho e
se tornar o profissional e
empreendedor do futuro

Diretora
Rosely Boschini

Gerente Editorial
Rosângela Barbosa

Assistentes Editoriais
Giulia Molina e Alanne Maria

Produção Gráfica
Fabio Esteves

Preparação
Abordagem Editorial

Capa
Vanessa Lima

Projeto Gráfico e Diagramação
Vanessa Lima

Ilustrações de Miolo
Sérgio Rossi

Revisão
R. R. e Amanda Oliveira

Impressão
Gráfica Rettec

Copyright © 2021 by Renato Grinberg
Todos os direitos desta edição são reservados à Editora Gente.
Rua Original, 141/143 – Sumarezinho
São Paulo, SP– CEP 05435-050
Telefone: (11) 3670-2500
Site: www.editoragente.com.br
E-mail: gente@editoragente.com.br

Dados Internacionais de Catálogo na Publicação (CIP)
Angélica Ilacqua CRB-8/7057

Grinberg, Renato
    Atitudes extraordinárias: os 10 princípios fundamentais para desafiar padrões, criar o seu caminho e se tornar o profissional e empreendedor do futuro / Renato Grinberg. – São Paulo: Editora Gente, 2021.
    192 p.

ISBN 978-655-5441-12-3

1. Carreira profissional – Desenvolvimento I. Título

21-2004   CDD 650.1

Índice para catálogo sistemático:
1. Carreira profissional – Desenvolvimento

nota da publisher

O que leva uma pessoa a ser bem-sucedida em sua trajetória profissional, seja ela como colaborador de uma empresa ou como dono de um negócio? A resposta para essa pergunta é o verdadeiro caminho das pedras, não é mesmo? Ainda bem que existem pessoas generosas como Renato Grinberg, que já trilhou esse caminho e pode ajudar outras pessoas a facilitarem o próprio caminho.

Observador por natureza, Grinberg revisitou toda a sua carreira profissional, conhecida por seu inquestionável desempenho, e também fez um apanhado do que deu certo para profissionais que ele observou ao longo de sua trajetória como consultor de empresas e empreendedor. Neste livro ele compartilha os princípios de sucesso para aqueles que querem ser os profissionais e empreendedores do futuro. Ele nos mostra o caminho para tornar em grandes oportunidades cada etapa de uma escalada profissional.

Aqui, Grinberg escolhe dividir com seus leitores o seu maior segredo: as Atitudes Extraordinárias fundamentais para uma verdadeira jornada de sucesso. Este livro pode trazer a você a liberdade para percorrer uma jornada de êxito, independentemente da sua posição no mundo profissional.

Boa leitura!

ROSELY BOSCHINI – CEO e Publisher da Editora Gente

Dedico este livro ao meu saudoso pai, Roberto Grinberg, cujas atitudes extraordinárias me inspiram até hoje, tantos anos após a sua partida. À minha querida mãe, Ira Grinberg, que me permitiu traçar os caminhos que me levaram a ser quem sou hoje e que continua sendo uma referência de amor e força na minha vida. Ao meu querido irmão, Ricardo, pelo incentivo contínuo e pela amizade sincera. À minha amada esposa, Dani, e às nossas filhas, Isabela e Mariana, que a cada dia me ensinam a continuar desenvolvendo e potencializando as minhas *Atitudes extraordinárias*.

agradecimentos

Deixo também um agradecimento especial a: Lourença Barbosa, Elisabete Bernardo, Sidney Bernardo, Bruno Grinberg, Rosely Boschini, Ricardo Shinyashiki, Roberto Shinyashiki, Rosângela Barbosa, Keila Silva, Fabrício Batista, Dany Sakugawa, Alessandra Gelman, Beto Melo, Elvira Gago, Giulia Molina, Cleyton Oliveira, Vandyck Silveira, Carlos Degas Filgueiras, Leandro Vieira, Guilherme Loureiro, Ricardo Sleiman, Aureo Fernandes, Klaus Wuestefeld, Bia Carmagnani, Walter Serer, a todos os membros do INXCL Group e a todos aqueles que, de uma forma ou de outra, me ajudaram a desenvolver e potencializar minhas *Atitudes extraordinárias*.

sumário

12	prefácio
16	introdução
26	Capítulo 1: Seja obediente aos seus pais, faça uma boa faculdade, trabalhe duro e você terá uma vida bem-sucedida
40	Capítulo 2: Paradoxos: a origem das atitudes extraordinárias
50	Capítulo 3: Apenas um plano, diversos focos
74	Capítulo 4: Reflexões sobre a arte de agir e de esperar
96	Capítulo 5: Aplicando o conceito de paradoxos no mundo da gestão
110	Capítulo 6: Ouvindo no silêncio e enxergando no escuro
134	Capítulo 7: As três mulas sem cabeça
174	epílogo
180	palavras finais
186	bibliografia

prefácio

Considerado o pai da administração moderna, o austríaco Peter Drucker (1909-2005), com quem tive o privilégio de ser aluno, sempre dizia que a excelência reside em encontrar soluções não triviais para questões não óbvias.

Renato Grinberg faz exatamente isso neste livro. Ele nos guia por uma jornada introspectiva, em nosso âmago, não trivial, por meio de uma série de questionamentos que são tudo, menos óbvios. Em *Atitudes extraordinárias*, Renato traz indagações cotidianas com as quais todos nos deparamos e a partir das quais nos questionamos sobre a essência de quem somos e a direção de vida que tomamos. Algo que nos coloca rumo a um caminho ao qual os americanos se referem como: *what it takes to be successful* ("o que é preciso para sermos bem-sucedidos"). Essa jornada é pontuada pelo rigor analítico profundo com o qual Renato nos brinda mais uma vez, porém com a leveza que somente a experiência de quem fez, sentiu e refletiu pode dar aos insights contidos neste livro.

Ao mesmo tempo em que a narrativa é íntima, o autor escancara as portas e as janelas de sua vida e de suas experiências, trilhando momentos de dor e de glória. Renato nos convida a andar em seus sapatos como em um processo meditativo. A partir disso, de repente o leitor se encontra fazendo os mesmos tipos de reflexões sobre sua vida e se desafiando a olhar para a própria jornada por meio do "lado B", ou do relato não óbvio. Essa é a chave do sucesso deste livro, pois, como bons amigos, terminamos por não ter nada a esconder de nós mesmos nem do "amigo" Renato, que nos mostra o caminho para desenvolvermos e aprimorarmos as nossas *atitudes extraordinárias* em dez princípios.

Ao ler e reler esta obra, um dos insights que tive reiteradas vezes foi de que não é possível ter sucesso na vida e na profissão sem desafiarmos todas as ortodoxias. Ou seja, é preciso questionar todas as crenças, normas e modelos mentais com as quais nascemos, crescemos e que, na maioria das vezes, também nos acompanham quando partimos deste mundo. Como o próprio Renato postula, não há um padrão ou uma fórmula mágica que aponte para um "caminho das pedras" o qual profissionais e empreendedores de sucesso podem seguir. Porém, paradoxalmente, o único elemento comum a essas pessoas extraordinárias é justamente o fato de elas não seguirem paradigmas preestabelecidos. **Esses modos padronizados de viver, agir e ser não são bons ou maus, são apenas frutos de sucessos do passado que facilitam nossa vida e economizam tempo de reflexão.** Entretanto, o prazo de validade desses padrões pode, muitas vezes, ter expirado. Por isso precisamos de pessoas como o Renato, que nos ajudam a refletir e a desafiar nossos próprios paradigmas para que não fiquemos presos a padrões que não funcionam mais. De maneira geral, a resistência à mudança é o ato derradeiro de pessoas e organizações que perderam o rumo... uma espécie de última tentativa de sobreviver de maneira totalmente irracional, como se abraçassem alguém se afogando na esperança de que aquele que se afoga seja o salvador. Pode parecer um último ato heroico de coragem, mas o resultado é inequivocadamente o oposto disso.

Que a mensagem final que Renato nos deixa seja compreendida e aplicada, tanto no âmbito pessoal como no profissional. Que os *cases*, pesquisas, ferramentas e a própria trajetória de sucesso de Renato, apresentados neste livro, sejam um facho de luz nos conduzindo ao desenvolvimento de nossas *Atitudes extraordinárias*.

VANDYCK SILVEIRA, PHD
CEO da Trevisan Escola de Negócios

introdução

Nos últimos dez anos, por meio do meu trabalho como consultor, pude observar de perto como funcionam centenas de empresas e como milhares de profissionais e empreendedores se comportam. Depois de certo tempo, por mais que as empresas possam atuar em segmentos diferentes e os profissionais e empreendedores tenham formações, experiências e venham de culturas distintas, comecei a observar alguns padrões que invariavelmente acabavam se repetindo.

Talvez isso tenha se tornado mais contundente para mim quando, em setembro de 2017, fui ministrar um programa de liderança para o governo de Abu Dhabi, capital dos Emirados Árabes Unidos. Apesar de já ter feito projetos em aproximadamente vinte países, nunca tinha trabalhado no dito "mundo árabe" e, obviamente, comecei a pesquisar as questões culturais e religiosas para que não corresse o risco de cometer alguma gafe durante minha estada por lá.

O projeto consistia em criar e aplicar um programa de desenvolvimento para 25 funcionários do governo, que foram escolhidos a dedo entre outros seiscentos candidatos, para um dia se tornarem os futuros líderes do país em diversas áreas, como economia, urbanismo, segurança, transportes etc. Dividida em módulos, a iniciativa abordava desde aspectos de macrogestão até questões mais específicas de resolução de conflitos e gerenciamento de desempenho de colaboradores. Começamos o primeiro dia de workshop no domingo, pois nos Emirados Árabes esse é o primeiro dia da semana.

Apesar de já haver pesquisado e me informado do que podia ou não fazer ou falar para respeitar os costumes locais, confesso que fiquei um pouco apreensivo quando entrei na sala e vi homens e mulheres vestidos com aquelas roupas típicas dos países árabes mais tradicionais, que são tão diferentes das que usamos no Ocidente. De qualquer maneira, segui com o meu trabalho e fui ficando cada vez mais confortável, ao passo que nos comunicávamos em inglês de maneira fluida e os participantes do workshop demonstravam bastante interesse nos conteúdos que eu apresentava.

O programa consistia em uma primeira semana presencial e uma continuação on-line. Ao final dos primeiros sete dias, quando eu já estava no hotel descansando, me peguei refletindo sobre aquele período que passei interagindo com os profissionais do governo de Abu Dhabi e daquele mundo aparentemente tão diferente do meu. Apesar de ter sido um tempo relativamente breve, foram dias muito intensos em que passávamos o tempo todo juntos. Paradoxalmente, pude notar similaridades entre a forma de pensar e agir dos integrantes daquele grupo árabe e de profissionais de destaque de empresas com as quais eu havia trabalhado em diversos países. Isso me deixou intrigado e me levou a algumas questões. Por que especificamente aqueles jovens haviam sido selecionados entre centenas de candidatos tão qualificados? Por que alguns empreendedores e executivos que conheci ao longo da minha jornada se destacavam tanto em relação aos outros?

==Em suma, o que está por trás do sucesso de alguns, do fracasso de outros e da mediocridade da grande maioria?== Minha "grande" conclusão foi que, mesmo descontando todas as diferenças culturais e particularidades desse projeto, mais uma vez os mesmos padrões das outras empresas e profissionais de sucesso com os quais já tinha trabalhado apareciam ali.

Fazendo uma espécie de inventário de tudo que havia aprendido nesses anos, cheguei a uma conclusão mais importante do que a mera constatação dos padrões que identifiquei. Entendi que os profissionais e empreendedores com os quais havia me deparado ao longo dos anos e que realmente se destacavam justamente *não* seguiam os padrões baseados em paradigmas do passado que a maioria seguia. Eles desafiavam esses padrões e o dito senso comum. Prosperavam indo na contramão do que a maioria pensava. Eram exemplos do que eu chamo de pessoas *extraordinárias*.

==Sendo mais específico, esses profissionais desafiavam princípios que a grande maioria das pessoas segue cegamente desde que o mundo é mundo e que podem ter funcionado até certo ponto, mas que nesta "nova era" não são mais suficientes para levar as pessoas para além de uma vida profissional mediana.== O mundo que surgiu a partir da pandemia de covid-19 acelerou muitas quebras de paradigmas que já estavam sendo anunciadas, mas que ainda encontravam resistência.

Conceitos como transformação digital e *home office* já estavam nas discussões da grande maioria das empresas, porém, com a nova realidade imposta pela pandemia, esses conceitos saíram das mesas de reuniões para entrar em operação imediata e o que poderia ser considerado um conceito inovador se tornou o simples dia a dia.

Renato Grinberg ministrando um workshop para funcionários do governo dos Emirados Árabes Unidos

ATITUDES EXTRAORDINÁRIAS

==Muitas vezes essas *atitudes extraordinárias* significam apenas mudar nossa óptica em relação ao mundo que nos rodeia sem ter medo de desafiar conceitos preestabelecidos.== Só assim conseguimos enxergar o que estava bem à nossa frente, mas que não víamos porque estávamos "vendados" por paradigmas e crenças enraizadas não somente em nós, mas também em todos ao nosso redor. No livro *Davi e Golias: A arte de enfrentar gigantes*,[1] Malcolm Gladwell (diga-se de passagem, um dos meus autores favoritos) nos brinda com uma nova visão sobre uma história muito conhecida de todos nós, a inusitada vitória do franzino pastor de ovelhas Davi sobre Golias, o gigante filisteu de quase 3 metros de altura.

A história que aparece no capítulo 17 do primeiro livro de Samuel, no Velho Testamento, é o ponto central da obra, um clássico que mostra que nem sempre o maior e mais forte vence, e que é usada popularmente para motivar aqueles que enfrentam adversários muito mais poderosos. Porém, para Gladwell, a superação de Davi tem na verdade um viés muito diferente da moral original da história. Segundo ele, quem realmente estava em desvantagem na luta não era o franzino Davi, mas, sim, Golias.

O gigante esperava usar sua descomunal força contra o outro guerreiro de infantaria. Davi, entretanto, nunca teve a intenção de se aproximar do gigante e lutar no "mano a mano". Quando, em uma passagem da história, Davi diz ao rei Saul que matou muitos leões em sua função como pastor, mostrou como iria lutar contra o gigante filisteu: como um guerreiro de artilharia, ou seja, como um verdadeiro lançador de projéteis, usando uma funda (arma de arremesso constituída por uma correia ou corda).

Estudos mostram que uma pedra projetada por uma funda daquela época equivale ao projétil disparado por uma pistola moderna de

---

[1] GLADWELL, M. **Davi e Golias**: a arte de enfrentar gigantes. Rio de Janeiro: Sextante, 2014.

tamanho razoável. Ou seja, era como se Davi estivesse usando uma pistola contra Golias, que não teve sequer tempo de se aproximar do pastor para o combate. Além disso, cientistas médicos acreditam que, pela descrição do seu tamanho, Golias sofria de gigantismo ou acromegalia, doenças causadas por uma disfunção na glândula pituitária que gera um aumento excessivo do hormônio do crescimento.

O indivíduo mais alto de todos os tempos foi o americano Robert Wadlow, que também sofria dessa doença. Ele morreu em 1940, aos 22 anos, com 2,72 m de altura. Os portadores desse tipo de distúrbio geralmente têm a visão dobrada ou são extremamente míopes. Provavelmente Golias não enxergava bem e por isso não conseguia ver Davi a distância e, muito menos, a pedra que foi atirada em sua direção. Portanto, levando tudo isso em consideração, na verdade, Davi não seria o "azarão" da história e, sim, o claro favorito para vencer.

De certa maneira, a minha própria história de vida tem esse viés de Davi contra Golias. Quando deixei a música para me enfronhar no mundo corporativo concomitante com a minha mudança para os Estados Unidos, eu era um "franzino Davi" enfrentando um gigante Golias que se materializava diante de mim na figura de uma desafiadora mudança de área e de país (eu certamente me sentia dessa maneira). Mas acabei tendo certo sucesso nessa minha trajetória. Desde ter cursado um MBA em uma universidade de prestígio, a Universidade do Sul da Califórnia (USC), até ter trabalhado em grandes empresas como a Warner Bros e Sony Pictures e, já de volta ao Brasil, tornar-me um autor best-seller e palestrante renomado. Porém, sempre me senti o "azarão" que, com muito esforço, conseguiu vencer no mundo corporativo norte-americano, apesar de todas as probabilidades contra mim (ex-músico, brasileiro e sem experiência corporativa). Até que um dia, refletindo sobre a minha carreira, tive um insight diferente. A realidade não era que *apesar* de ter começado minha carreira como músico, havia conseguido vencer no mundo corporativo; a realidade era que *justamente* por ter tido o diferencial da formação musical (e não *apesar* de) é que obtive sucesso no mundo corporativo.

Aos 20 anos, já tivera a oportunidade de trabalhar com músicos tão diversos, com tantas perspectivas diferentes e histórias tão ricas, que desenvolvi uma visão de mundo muito mais abrangente e complexa do que a maioria das pessoas da minha idade possuíam. Também já tinha uma experiência sólida de liderança, formando e liderando dezenas de grupos de artistas. Eu tinha uma disciplina exemplar, imposta pela busca da excelência como músico.

Tudo isso me permitia estudar as questões e problemas de negócios de maneira estratégica e efetiva, como se fossem obras de Bach (1685-1750), Beethoven (1770-1827) ou Villa-Lobos (1887-1959). Por exemplo, para tocar com maestria uma peça de Heitor Villa-Lobos, como um dos cinco maravilhosos prelúdios que escreveu[2] para violão, eu precisava analisá-la por diversos ângulos para entender que estratégias aplicaria para maximizar as horas de estudo que dedicaria a tal obra. Como em um planejamento de negócios, eu precisava criar planos de contingência caso algo desse errado na hora da execução da peça em um concerto ao vivo. Além disso, tinha uma visão diferente da maioria das pessoas com formação mais tradicional de como agir em determinadas situações e de como encarar problemas. Sem ter consciência plena disso, comecei, de certa forma, minha carreira no mundo dos negócios, navegando nesse universo das *atitudes extraordinárias*.

Portanto, provavelmente, como o próprio Davi, as chances de vencer também estavam do meu lado, e não contra mim. Porém, para atingir o sucesso nesse novo domínio de atuação, não bastava ter essa

---

2   Em 1940, Villa-Lobos produziu uma série de composições para violão, os *Cinco prelúdios*, obra dedicada à companheira dele, Arminda Villa-Lobos. As peças marcam um ponto de equilíbrio entre composições iniciais mais simples para violão e obras consideradas revolucionárias, como as que integram os *12 estudos*. Cada um dos prelúdios é temático: o primeiro é uma ode ao sertanejo brasileiro; o segundo, ao capadócio; o terceiro, a Bach; o quarto, ao índio brasileiro; e o quinto, à vida social carioca. ANTUNES, G. Heitor Villa-Lobos. **Violão brasileiro**. Disponível em: https://www.violaobrasileiro.com.br/dicionario/heitor-villa-lobos. Acesso em: 15 mar. 2021.

possível e inusitada vantagem inicial. Tive que me reinventar, revendo conceitos e buscando estratégias que pudessem me conduzir a novos objetivos; esse conjunto de estratégias e conceitos que chamo de *atitudes extraordinárias* e que reúni em dez princípios é o que apresentarei em detalhes ao longo deste livro. Minha intenção é compartilhar uma série de conhecimentos, acumulados ao longo de anos como executivo, empreendedor e consultor, para ajudá-lo a se destacar em sua área de atuação. Eis os dez princípios da nova era dos profissionais e empreendedores de sucesso:

1. Desenvolver apenas o plano A;
2. Ser multifocal;
3. Agir antes de a ajuda chegar;
4. Redefinir o conceito de proatividade;
5. Usar "E" em vez de "OU";
6. Prestar atenção ao que as pessoas *não* falam;
7. Enxergar no escuro;
8. Ir além do "trabalho duro";
9. Celebrar erros;
10. Tornar-se desnecessário.

E você? Será que está atingindo todo o potencial de sua vida profissional? Independentemente da sua situação atual, se a resposta que deu a essa pergunta for um sonoro e inequívoco "sim", então este livro definitivamente não é para você (mas como você já o comprou, aproveite para presentear alguém que você acha que poderá aproveitá-lo!).

Porém, se você acredita que sempre é possível atingir patamares cada vez mais altos em diversos aspectos da sua vida profissional e está aberto para ouvir (neste caso, ler) provocações que desafiarão os conceitos preestabelecidos que tem sobre estratégias para atingir sucesso profissional, então este livro é, sim, para você!

Logo, lhe faço uma pergunta: você está pronto para, junto comigo, se desafiar e rever muitas das estruturas em que a visão comum está apoiada? Tenho certeza que sim. Posso te garantir que nosso trajeto, ao longo dos próximos capítulos, estará repleto de exemplos extraordinários.

São casos e histórias que irão intrigá-lo e fazê-lo pensar sobre algumas crenças, modelos, padrões e paradigmas que, embora possam ser consenso para a maioria das pessoas, merecem uma reflexão, um novo olhar. Meu papel aqui é instigá-lo. Estarei na próxima página te aguardando com uma provocação. Aliás, uma de muitas.

Até lá.

Logo, lhe faço uma pergunta: você está pronto para, junto comigo, se desafiar e rever muitas das estruturas em que a visão comum está apoiada?

capítulo 1

Seja obediente aos seus pais, faça uma boa faculdade, trabalhe duro e você terá uma vida bem-sucedida

> "Nunca assuma que o óbvio é a verdade."
>
> *William Safire (1929-2009), escritor e jornalista norte-americano*

Quantas pessoas você conhece que seguiram à risca aquilo que os "manuais de boas práticas" pregam: foram obedientes aos pais, fizeram uma boa faculdade, trabalharam (e continuam trabalhando) duro e, mesmo assim, não conquistaram a vida profissional que almejavam? No espectro oposto, quantas pessoas você conhece (ou que já ouviu falar) que aparentemente não seguiram os caminhos "aprovados" pela visão mais comum, que, por exemplo, não cursaram uma faculdade de prestígio ou que nem se formaram e que atingiram vidas profissionais brilhantes?

Talvez você já tenha tido algum colega de colégio ou faculdade que nunca tirava boas notas, que não parecia se interessar pelos estudos e que até aparentava ser preguiçoso. A maioria dos colegas (e professores) tinha certeza de que ele não se tornaria "nada na vida". Mas, surpreendentemente, passados alguns anos sem ter contato com essa pessoa, por acaso, você a reencontra em algum evento ou rede social e descobre que ele ou ela se tornou um grande executivo(a), empresário(a) ou profissional liberal muito bem-sucedido(a).

Isso já aconteceu comigo, mais de uma vez! O que será que ocorreu? Uma mudança drástica de atitude? Ou será que essa pessoa fazia algo diferente que lhe permitiu atingir resultados realmente superiores? Um dos aspectos que chama a atenção de todos que leem a biografia do consagrado físico alemão Albert Einstein (1879-1955), considerado uma das mentes mais brilhantes que já existiu, é justamente o fato de ele não ter sido um aluno exemplar na escola e até ter apresentado alguns resultados pouco expressivos.[3] No entanto, podemos dizer que tudo isso é relativo.

Segundo biografias mais recentes, que revisaram informações errôneas sobre os boletins de Einstein, fica claro que ele poderia ser classificado como um aluno desajustado, mas jamais medíocre. Aliás, antes dos 11 anos, Einstein já dominava a Física de nível universitário. O que ocorreu foi que a disciplina sufocante do ensino alemão gerou no futuro gênio uma aversão a qualquer forma de rigidez mental, a ponto de, anos mais tarde, ele definir seus antigos professores como "sargentos disciplinadores".

Portanto, no caso de Einstein, temos uma pessoa que não se adequou integralmente aos primeiros anos escolares por questionar muitas das convenções da época. Em paralelo, muito do que se convencionou dizer sobre a suposta mediocridade do alemão tinha, na verdade, base em dados equivocados. Veremos que em muitas ocasiões separar o que é mito e o que é verdade é uma tarefa árdua, seja no que se refere a biografias de gênios ou em qualquer setor da vida humana.

FALSO OU VERDADEIRO? ALGUNS MITOS E VERDADES SOBRE CARREIRA E NEGÓCIOS

No mundo dos negócios, como em qualquer outro domínio humano, muitas vezes seguimos conceitos que parecem fazer perfeito sentido; porém, quando analisados com maior profundidade, perdem

---

3 EINSTEIN – O homem que mudou o mundo. **Superinteressante**, 31 out. 2016. Disponível em: https://super.abril.com.br/comportamento/einstein-o-homem-que-mudou-o-mundo. Acesso em: dez. 2020.

completamente a lógica. Até aí, tudo bem, mas o problema é que nem sempre fazemos essas análises mais profundas e tomamos como verdade os conceitos que nos são apresentados. Acompanhe a seguir os casos de "falso × verdadeiro" e tire suas próprias conclusões:

1 As pessoas confiam mais em completos estranhos do que em seus próprios chefes

O senso comum nos diria que essa obviamente é uma informação falsa. Porém, uma pesquisa conduzida pela revista Harvard Business Review revelou que 58% dos entrevistados disse exatamente o que o enunciado afirma.[4] Eles confiavam mais em estranhos do que em seus próprios chefes. Essa é uma informação bastante perturbadora, já que um dos fundamentos de uma empresa de sucesso é que exista confiança entre funcionários e líderes. Contudo, confesso que, dada a minha experiência lidando com executivos e baseada em diversas situações vividas com alguns chefes, essa estatística não me surpreende.

Lembro-me particularmente de um executivo que me "ensinou" que eu não podia confiar nele. Vou chamá-lo aqui de Michael. Por alguns anos, sentávamos lado a lado em um escritório do tipo *open space* (cada um de nós dirigia unidades de negócios de um mesmo grupo econômico). Ele era o que se chama de "prata da casa", ou seja, tinha desenvolvido toda a sua carreira nessa mesma empresa. Tínhamos um bom relacionamento e nosso trabalho em conjunto parecia fluir bem.

Porém, como tudo o que é segredo em uma empresa eventualmente todos acabam descobrindo, fiquei sabendo de algo um tanto quanto inesperado. Acabou chegando até mim a informação de que Michael constantemente difamava o meu nome para nosso chefe e, também, para alguns funcionários da organização.

---

[4] STURT, D.; NORDSTROM, T. 10 shocking workplace stats you need to know. **Forbes**, 8 mar. 2018. Disponível em: https://www.forbes.com/sites/davidsturt/2018/03/08/10-shocking-workplace-stats-you-need-to-know/?sh=7400c013f3af. Acesso em: nov. 2020.

Mas eu custava a acreditar que isso fosse verdade e caracterizava aquilo como uma simples "fofoca corporativa". Mesmo porque, em nossos feedbacks, o meu chefe nunca tinha apontado algo que me indicasse que eu não estava indo bem em minha função ou que alguém tivesse feito alguma reclamação sobre mim.

Bem, as "máscaras caíram" quando o meu gestor, em uma viagem ao Brasil (seu escritório ficava na Europa), marcou um almoço comigo que, estranhamente, Michael havia coordenado. Como os meus resultados estavam particularmente sólidos naquele ano e como nunca tinha recebido feedback algum que indicasse algum problema na minha condução do negócio, pensei que tal conversa pudesse ser possivelmente um indicativo de uma promoção ou um novo projeto mais estratégico ou algo assim. Enfim, algo positivo.

==Mas, para a minha grande surpresa, a conversa tomou uma direção totalmente diferente. Ali me inteirei de maneira clara e inequívoca que o que eu achava serem simples "fofocas corporativas" já havia se tornado a pura realidade.== A conversa era para me dizer como a minha "personalidade" não estava se encaixando com a cultura da empresa. Como a minha tendência de sempre buscar maneiras que chamava de "mais eficientes" estava "comprometendo a cultura de dedicação da empresa" (eu sempre rechaçava a ideia de que qualquer funcionário da minha equipe virasse a madrugada trabalhando em projetos. Obviamente, isso poderia acontecer em determinadas ocasiões e fazia parte do negócio, porém o problema era a exceção se tornar a regra).

Em resumo, eu tinha me tornado uma "má influência" para o ambiente corporativo da empresa. Mas, reconhecendo que eu gerava bons resultados para a empresa, me ofereceram uma posição em que eu interagiria bem menos com os outros funcionários e continuaria contribuindo com a organização. Uma espécie de movimento lateral bem estranho.

==Confesso que fiquei atordoado com a notícia e, por um tempo, não consegui raciocinar de maneira clara.== Contemplei a possibilidade de que poderia estar realmente "pisando na bola" e, talvez, então, faria sentido aceitar aquela nova posição. Passados alguns dias, com a mente mais clara, após ter refletido longamente e, principalmente, após ter conversado com a minha esposa, a Dani, que ajudou a me "lembrar" do meu valor, percebi que não fazia sentido aceitar aquela oferta. Ela, mais uma vez, como havia feito há tantos anos, quando eu estava mudando de carreira, me resgatou o "olho de tigre"![5] Ficou claro que eu realmente estava desalinhado com a empresa, mas que isso era bom!

Eles queriam a qualquer preço preservar paradigmas que sempre funcionaram e parecia que a minha simples existência naquele ambiente desafiava esse *status quo*. Em uma atitude quixotesca, em vez de aceitar aquela oferta, fui "fazer justiça". Fui combater os gigantes que me assolavam. Publicado em 1605, *Dom Quixote de La Mancha*, do espanhol Miguel de Cervantes (1547-1616), narra a história de um cavaleiro medieval que, em meio a sua loucura, travava batalhas com moinhos de vento que imaginava serem gigantes.

Eu disse para meu gestor (e para Michael) tudo o que realmente pensava da situação. Expressei minha frustração sobre a conversa que tivemos e disse que ele havia sido incompetente como líder, tendo em vista que aquela conversa foi uma grande surpresa para mim, já que nunca havia sido confrontado em sessões de feedback sobre as questões abordadas em nosso fatídico almoço (confesso que eu deveria ter conduzido a conversa em um tom mais racional e amigável, o que seria

---

5   GRINBERG, R. **A estratégia do olho de tigre**: atitudes poderosas para o sucesso na carreira e nos negócios. São Paulo: Gente, 2011. "Olho de tigre" é o conceito que desenvolvo em meu primeiro livro. Trata-se da capacidade que algumas pessoas demonstram de, em certas ocasiões, olhar para um obstáculo aparentemente intransponível, não sentir medo e "ir para cima". Já em outras situações, é ter coragem para reconhecer suas limitações e humildade para aprender com os próprios erros.

mais proveitoso para ambas as partes, porém, naquele momento, minha indignação acabou falando mais alto).

Terminada a minha "explosão", sugeri um período de transição para o meu desligamento da empresa. E foi o que ocorreu. A empresa perdeu o funcionário, se viu obrigada a desembolsar dinheiro (devido ao pacote de rescisão) e ainda desperdiçaram a chance de rever paradigmas que poderiam reverter um caminho que já demonstrava sinais de estagnação do negócio.

2 Existem 10 mil momentos em um dia. Cada momento é definido como uma experiência completa identificada em nosso cérebro

Provavelmente você está pensando que isso é mais uma informação falsa, que por mais *extraordinário* que qualquer um seja, não existem tantos momentos em apenas um dia. Bem, se você acha que isso é falso, acertou! Mas calma aí! Provavelmente você pensou que a informação era falsa porque deve ter considerado 10 mil um número exagerado. Porém, a informação é falsa porque na verdade existem muito mais que 10 mil momentos em um dia.

O ganhador do prêmio Nobel Daniel Kahneman, autor do best-seller *Rápido e devagar*,[6] afirma que existem 20 mil momentos em cada dia; 20 mil momentos que são identificados em nossos cérebros como experiências completas. Esses momentos podem ser neutros, negativos ou positivos. Raramente nos lembramos dos momentos neutros, afirma Kahneman, portanto, isso tem uma grande importância para o mundo dos negócios, mais especificamente no que tange à comunicação e ao marketing.

Obviamente, não queremos que um potencial cliente ou consumidor registre uma experiência negativa que nós tenhamos provocado.

---

6 KAHNEMAN, D. **Rápido e devagar**: duas formas de pensar. Rio de Janeiro: Objetiva, 2012.

Se comunicamos algo neutro para um possível consumidor, ele não vai registrar, portanto, isso também não nos interessa. Porém, mesmo gerando uma experiência superpositiva, será apenas *uma* experiência no meio de 20 mil possíveis outras em apenas um dia. Isso é muito pouco para realmente impactar esse consumidor. Por isso é importante impressionar esse consumidor múltiplas vezes, sendo que em todas as vezes em que houver interação, é necessário criar uma experiência positiva.

O psicólogo e autor John Gottman, especialista em comportamento de casais, após quarenta anos de dedicação ao assunto, concluiu que para conseguir casamentos bem-sucedidos (no sentido do casal não se divorciar), os casais precisam de uma razão de no mínimo 5:1 de interações positivas *versus* negativas.[7] Outros estudos vêm apontando que isso se aplica também ao mundo empresarial.

Aqui não existe nenhuma informação fora do comum, porém, o ponto mais importante deste tópico e que exemplifica o conceito das *atitudes extraordinárias* é a consciência da existência de 20 mil chances por dia em que você pode fazer a diferença. Portanto, daqui para frente, lembre-se de que você tem pelo menos 20 mil chances por dia para fazer a diferença não somente na sua vida, mas também na de outras pessoas.

3. A maioria das pessoas que entram em contato com alguma empresa, por qualquer motivo, ainda prefere interagir com pessoas do que com robôs

Usando a minha própria preferência, eu diria que a afirmação acima é correta. Porém, de acordo com a empresa G2 (conhecida anteriormente por G2 Crowd), a afirmação acima é falsa. Em uma pesquisa que executivos da própria G2 conduziram nos Estados Unidos em 2019,

---

[7] BENSON, K. The magic relationship ratio, according to science. **The Gottman Institute**, 4 out. 2017. Disponível em: https://www.gottman.com/blog/the-magic-relationship-ratio-according-science/. Acesso em: jan. 2021.

identificou-se que quase dois terços (63%) dos respondentes, quando tinham que se comunicar com alguma empresa, prefeririam interagir com um *chat bot* (robô virtual) do que com uma pessoa.[8]

Ora, eles prefeririam interagir com máquinas do que com humanos? Isso não faz o menor sentido! Ou será que faz? Provavelmente, se essa pesquisa perguntasse a um público mais velho (pessoas acima de 45 anos), as respostas seriam diferentes. Nesse cenário, provavelmente se identificaria uma preferência por interagir com humanos. Entretanto, a verdade inevitável é que quem vai assumir o controle das empresas e do mundo como um todo não são os mais velhos e, sim, as novas gerações que estão chegando.

Mas talvez, daqui a cinquenta anos, o que as novas gerações valorizarão será justamente poder falar com humanos. Enfim, o que é fundamental é entender tendências como essas, que são claras manifestações de uma mudança de paradigma. Ignorar essas tendências é o caminho mais rápido para falir um negócio e/ou deixar de progredir em sua carreira.

4. Professores do Ensino Infantil ao Ensino Médio são o maior fator de influência no sucesso acadêmico de seus estudantes

O que o senso comum lhe diria? Provavelmente que essa informação está correta. Afinal, é óbvio que um bom professor exerce um impacto muito significativo no aprendizado dos alunos. Porém, antes de chegar a uma conclusão superficial, vamos nos aprofundar nessa questão. Robert Sutton, professor de Stanford e autor de diversos livros, entre eles *A verdade dos fatos: gerenciamento baseado em evidências*,[9] em

---

8 GIGANTE, M. 30+ artificial intelligence statistics for 2019. **G2 Learning Hub**. 1 abr. 2019. Disponível em: https://learn.g2.com/artificial-intelligence-statistics. Acesso em: 17 mar. 2021.

9 SUTTON, R. I.; PFEFFER, J. **A verdade dos fatos**: gerenciamento baseado em evidências. Rio de Janeiro: Elsevier, 2006.

coautoria com Jeffrey Pfeffer, promove um conceito chamado "gestão baseada em fatos". **Em outras palavras, em vez de ligarmos o nosso "achômetro", devemos buscar evidências concretas para formar nossas opiniões e tomar decisões.** Em um exemplo disso, ele descreve uma iniciativa do governo norte-americano implementada nos anos 1980 para melhorar o desempenho dos alunos do Ensino Médio das escolas públicas. A iniciativa previa um pagamento de bônus financeiro para os professores cujos alunos obtivessem as melhores notas em um teste de múltipla escolha, aplicado no final do ano letivo.

Com esse incentivo financeiro, o governo acreditava que os professores se esforçariam mais para melhorar o desempenho acadêmico de seus alunos. Porém, o projeto não atingiu os resultados esperados e acabou sendo descontinuado. Segundo Sutton, a iniciativa já começou condenada ao fracasso porque partiu de pressupostos que, mesmo que aparentemente fizessem sentido, eram baseados em "achômetro", e não em evidências científicas. As principais premissas eram:

1. Os professores seriam motivados por um incentivo financeiro;
2. O teste padrão de múltipla escolha seria uma boa maneira de medir a proficiência acadêmica dos alunos;
3. Professores do Ensino Infantil ao Ensino Médio são o maior fator de influência no sucesso acadêmico de seus estudantes.

A primeira premissa já estava equivocada. Fazendo uma investigação mais profunda, descobriu-se que a grande maioria dos professores não mudaria sua maneira de atuar por um incentivo financeiro. Afinal, aqueles que haviam escolhido a profissão de professor não o fizeram pela recompensa financeira. A segunda premissa também tinha falhas. Um teste padrão de múltipla escolha, aplicado uma vez, não era um mecanismo eficiente para medir a proficiência acadêmica dos alunos. Muitos alunos não se saíam bem nessas provas porque não reagiam bem à pressão do tempo ou ao formato de múltipla escolha, similar aos nossos vestibulares. Portanto, seria necessário criar uma avaliação mais completa para realmente medir o desempenho dos estudantes. Porém, a premissa que parecia a mais óbvia de todas, a da influência dos professores no desempenho dos alunos, era a mais incorreta. É óbvio que eles influenciam o aprendizado dos estudantes, porém os agentes mais importantes nessa equação não são os professores e sim os *pais* dos alunos. Isso mesmo, pesquisas mais aprofundadas descobriram que o principal fator determinante no sucesso acadêmico dos estudantes era o quanto seus pais se envolviam naquele processo.

Essa informação faz eu me lembrar de uma história que corrobora de maneira inequívoca essa pesquisa. Em 2015, eu estava conduzindo um workshop para jovens engenheiros considerados *high potentials* de uma grande empresa da indústria petrolífera, a Schlumberger. No quinto e último dia do workshop, pedi a eles que contassem histórias relevantes de suas vidas. Passagens que haviam contribuído para que tivessem alcançado o patamar profissional em que se encontravam. Ouvi diversas histórias inspiradoras e emocionantes, mas teve uma delas que realmente me marcou.

Um dos jovens, João Carlos, contou que teve uma infância muito pobre em uma cidade do interior do estado do Rio de Janeiro. Mesmo assim, vencendo todas as dificuldades que apareceram no seu caminho, conseguiu chegar ao terceiro ano do Ensino Médio. Naquele momento estava se preparando para entrar em uma faculdade de Engenharia. Somente conseguiria fazer o curso se conseguisse entrar em uma universidade pública porque, mesmo já trabalhando, nem ele nem seus pais teriam condições de pagar uma universidade privada.

Contou que o pai, o José, era o seu maior incentivador e não via a hora de o filho entrar na tão sonhada universidade. Quando percebia que o rapaz estava um pouco desanimado, José sempre tinha palavras de conforto que lhe ajudavam a seguir em frente. Mas por maior que fosse a dedicação de João, em dado momento, ele começou a sentir o peso de ter que trabalhar o dia inteiro para se sustentar, além dos vários anos de uma educação pública ineficiente, que não lhe havia preparado no mesmo nível de muitos de seus "competidores" que estudaram em escolas particulares.

O rapaz se desanimou e começou a achar que não conseguiria passar no vestibular. Seu José, vendo o abatimento dele, decretou que estudaria junto com o filho todos os dias por, no mínimo, duas horas. E assim foi que pai e filho passaram a se reunir diariamente e, por no mínimo duas horas, passavam aquele tempo juntos, focando-se na preparação do filho para passar no vestibular. Dia após dia, com chuva ou sol, disposto ou não, José estava ao lado do filho, estudando com ele.

Alguns meses depois, todo aquele esforço valeu a pena. João foi aprovado em uma universidade federal. Poderia agora fazer o tão sonhado curso de Engenharia e assim o fez. Graduou-se com honras e já foi logo admitido no programa de *trainees* da grande empresa multinacional Schlumberger. Viajou o mundo pela companhia e agora estava participando do meu workshop como uma espécie de rito de passagem para poder ser promovido.

A história já seria bonita e emocionante o suficiente com o que contei acima, porém um detalhe a torna ainda mais emocionante. Seu José, que dedicou tanto tempo e energia ajudando o filho a estudar para passar no vestibular, era *semianalfabeto*. Isso mesmo, José não conseguia entender nem mesmo os enunciados dos problemas mais simples que o filho tinha que resolver. Porém, isso não o impediu de ter sido, nas próprias palavras de João, o fator de maior importância para o seu sucesso acadêmico, desde o pré-primário até, e incluindo, a conquista do seu diploma universitário.

Será possível que um pai semianalfabeto possa ajudar seu filho a se preparar para o vestibular? Para aqueles que estão presos em um mundo de atitudes comuns, a resposta claramente será não. Entretanto, para aqueles que navegam no universo das *atitudes extraordinárias*... o que posso afirmar é que a história que contei acima é verdadeira, palavra por palavra.

Como pudemos observar, seja no universo dos negócios ou em outras áreas, não faltam conceitos que, embora pareçam perfeitamente lógicos à primeira vista, deixam de fazer sentido após uma observação mais aprofundada. Daí a importância de não aceitar nada de antemão como se fosse uma verdade absoluta. Quem navega no universo das atitudes extraordinárias normalmente questiona aquilo que a maioria dos indivíduos "compra" como um fato. **Para eles, parece existir uma inquietude natural diante de algo que "faz sentido" porque simplesmente alguém assim afirmou, portanto, enxergam muito além do senso comum.** Mas de onde vem essa característica? A partir do próximo capítulo você também saberá a resposta.

Quem navega no universo das atitudes extraordinárias normalmente questiona aquilo que a maioria dos indivíduos "compra" como um fato.

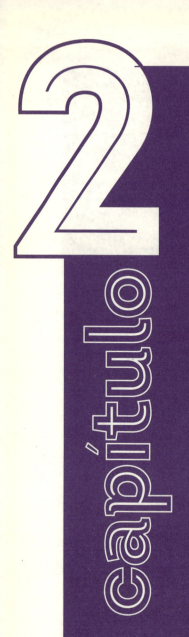

capítulo 2

Paradoxos: a origem das atitudes extraordinárias

"Se você tentou falhar e conseguiu, você descobriu o que é paradoxo."

Luís Fernando Veríssimo

Na literatura, o paradoxo (também chamado de oximoro) é uma figura de pensamento baseada na contradição. As primeiras formas da palavra tiveram por base a palavra latina *paradoxum*, mas também são encontradas em textos em grego como *paradoxon ou parádoksos*.[10] A palavra é composta do prefixo "para", que quer dizer "contrário a", conjugada ao sufixo nominal "*doxa*", que significa "opinião". Muitas vezes pode apresentar uma expressão absurda e aparentemente sem sentido, entretanto, expõe uma ideia baseada na verdade. Esse conceito é utilizado em diversas áreas do conhecimento, como a filosofia, a psicologia e a matemática, dentre outras. Em uma linguagem mais popular, trata-se de um conceito com duas ideias que se opõem uma à outra. É também definido como algo contrário à opinião geral ou ao senso comum. Existem inúmeros paradoxos conhecidos pensados e discutidos desde a Grécia Antiga até a nossa música popular. Por exemplo, no "paradoxo do mentiroso", Epimênides, um cretense que viveu no século 7 a.C., concluiu: "todos os cretenses são mentirosos". Se todos os cretenses são mentirosos e ele é um também, será que essa afirmação é verdadeira? E se estiver falando a verdade, a sua afirmação

---

10 PARADOX (n.). *In*: ONLINE Etymology Dictionary. Disponível em: https://www.etymonline.com/word/paradox. Acesso em: dez. 2020.

já não seria correta, pois ele, sendo cretense, estaria dizendo uma mentira. Ou seja, poderia ele estar mentindo e falando a verdade ao mesmo tempo?

Já no *Soneto de fidelidade*, o poeta Vinicius de Moraes (1913-1980), que, junto com Tom Jobim (1927-1994), compôs alguns dos maiores clássicos da música popular brasileira, como *Garota de Ipanema* e *Eu sei que vou te amar*, também criou um clássico paradoxo. Os versos finais do poema são estes:

> "Eu possa me dizer do amor (que tive):
> Que não seja imortal, posto que é chama
> Mas que seja infinito enquanto dure."[11]

Se o amor é infinito, logo podemos concluir que irá durar para sempre. Mas se o amor for infinito apenas enquanto durar, deixa de ser infinito. Como isso é possível? Usando apenas a lógica racional, a frase "que seja infinito enquanto dure" é impossível de compreender. Porém, expandindo a exploração para a filosofia, podemos inferir que quando uma pessoa está apaixonada, o amor que sente pela outra pessoa parece que jamais acabará. No entanto, como sabemos por nossas próprias experiências, principalmente quando somos mais jovens, muitas vezes aquele amor que parecia infinito acaba. Daí, podemos extrapolar que aquele sentimento de amor foi, sim, *infinito enquanto durou*.

Na linda composição *Por enquanto*, de Renato Russo (1960-1996), da banda Legião Urbana, imortalizada na voz de Cássia Eller (1962-2001), mais uma vez aparece um interessante exemplo de paradoxo.

> "Se lembra quando a gente
> chegou um dia a acreditar

---

[11] MORAES, Vinicius de. Soneto de fidelidade. **Soneto de fidelidade e outros poemas**. Rio de Janeiro: Ediouro, 1997.

> Que tudo era pra sempre
> Sem saber
> Que o pra sempre
> Sempre acaba!"[12]

Como é possível que o "pra sempre" acabe? Mais uma vez, usando apenas a lógica, essa frase não faz sentido. Porém, se você já teve um grande amor e, por qualquer motivo, não está mais com essa pessoa, entenderá essa frase em um nível muito mais profundo do que qualquer explicação lógica alcançaria.

A FÍSICA QUÂNTICA E O GATO "VIVO-MORTO"!

Um dos paradoxos mais conhecidos que existe e que, diga-se de passagem, é o que até hoje mais me intriga, nasceu de uma hipótese desenvolvida em 1935 pelo célebre físico austríaco Erwin Schrödinger (1887-1961). A situação imaginada ficou conhecida como o "gato de Schrödinger". Apesar de ter ficado fascinado quando ouvi essa história pela primeira vez, demorei alguns anos para entender melhor o seu significado e confesso que sempre que discuto esse paradoxo com amigos, aparecem novos ângulos que eu não havia visto antes e que me causam mais confusão do que esclarecimentos. Portanto, não é minha intenção aqui esmiuçar ou desvendar esse paradoxo, mas trazê-lo à tona para aprofundar a reflexão sobre esse tema, que tem relevância direta para entendermos melhor o poder das *atitudes extraordinárias*.

O gato de Schrödinger é usado para ilustrar o conceito de superposição quântica, que estuda a possibilidade de duas situações opostas

---
[12] POR ENQUANTO. Intérprete: Legião Urbana. *In*: LEGIÃO URBANA. Rio de Janeiro: EMI Music, 1985. Faixa 11.

acontecerem ao mesmo tempo. A premissa fundamental é de que há um gato dentro de uma caixa e que o animal pode estar vivo e morto ao mesmo tempo. Parece papo de maluco? Até parece, mas não é. O objetivo de Schrödinger era mostrar como o comportamento das partículas subatômicas parece ilógico e absurdo se aplicado em uma situação simples de ser visualizada, como um gato e uma caixa fechada.

A caixa onde seria feita a hipotética experiência conteria um recipiente com material radioativo e um contador Geiger (aparelho detector de radiação). Quando as partículas radioativas forem lançadas dentro da caixa, o contador detecta a presença dessas partículas e aciona um dispositivo com um martelo anexado, que, por sua vez, quebra um frasco de veneno. Respirando o veneno que seria liberado dentro da caixa, o gato morreria. Bom, até aqui é possível acompanhar o raciocínio com relativa tranquilidade. Porém, a questão começa a ficar bem mais complexa.

De acordo com as leis da física quântica, a radioatividade pode se manifestar em forma de ondas ou de partículas – e uma partícula pode estar em dois lugares ao mesmo tempo. Ou seja, na mesma fração de segundo, o frasco de veneno "quebraria e não quebraria". Seguindo o raciocínio de Schrödinger, as duas realidades aconteceriam simultaneamente e o gato estaria vivo e morto ao mesmo tempo *até que a caixa fosse aberta*. A presença de um observador acabaria com essa dualidade e ele só poderia ver ou um gato vivo ou um gato morto.

Mas e se uma pessoa conseguisse olhar para dentro da caixa antes de abri-la, como, por exemplo, por uma fresta ou um minúsculo orifício? Nesse caso, ela não veria nada demais, apenas um gato, que poderia estar vivo ou morto dependendo do que ocorrera com as partículas radioativas. Segundo a física quântica, se houvesse algum tipo de interferência, por menor que fosse, como uma fonte de luz utilizada para observar o experimento, as realidades paralelas do mundo subatômico

Usando apenas a lógica racional, a frase "que seja infinito enquanto dure" é impossível de compreender. Porém, expandindo a exploração para a filosofia, podemos inferir que quando uma pessoa está apaixonada, o amor que sente pela outra pessoa parece que jamais acabará.

entrariam em colapso e o observador só conseguiria enxergar uma dessas "realidades", ou seja, o gato vivo ou o gato morto. Porém, a grande diferença (ou loucura) desse experimento hipotético é que caso não haja nenhuma interferência, as duas realidades aconteceriam simultaneamente e o gato estaria realmente vivo e morto ao mesmo tempo (até que a caixa fosse aberta).

Se você está achando isso muito complexo, não se sinta menos inteligente. Nas palavras do vencedor do Nobel de Física de 1999, o holandês Gerardus 't Hooft: "Esse exemplo mostra que ainda não entendemos as implicações mais profundas da mecânica quântica".[13] Se um vencedor do prêmio Nobel de Física afirmou isso, quem somos nós para compreender completamente essa experiência?

DESVIANDO DO CAMINHO?

==Certa vez, em uma pequena cidade no interior da Índia, um jovem monge peregrinava em busca das virtudes do caminho à iluminação espiritual.== Ao mesmo tempo, ele procurava abrigo em alguma casa de uma vila remota. Como era a estação das fortes chuvas tropicais, o rapaz necessitava de um local para ficar hospedado por algumas semanas antes de seguir para outras regiões. No entanto, todas as casas em que ele havia pedido abrigo já estavam acomodando outros monges que também peregrinavam durante aquele período.

Quando o rapaz estava prestes a tentar a sorte em outra vila, uma bela moça lhe ofereceu estadia na casa dela. O monge ficou surpreso ao ver que a casa daquela mulher estava vazia e perguntou por que não havia algum religioso se abrigando no local. Um pouco sem jeito,

---

[13] VERSIGNASSI, A. O que é o gato de Schrödinger? **Superinteressante**. Disponível em: https://super.abril.com.br/mundo-estranho/o-que-e-o-gato-de-schrodinger/. Acesso em: dez. 2020.

a jovem disse ser prostituta e que por isso os outros monges não quiseram ficar na casa. O jovem monge então lhe disse que precisaria conversar com seu mestre para saber se poderia se hospedar ali.

Ao conversar com o seu superior, o jovem monge colocou a questão e o mestre foi categórico em sua resposta: "Se você não pode ficar na casa, então o caminho dela é mais poderoso do que o nosso caminho. Você pensa isso mesmo?". O jovem refletiu sobre aquelas palavras e aceitou o convite da moça. Os outros monges consideraram aquilo um absurdo e passaram a observar pela janela da casa, pois temiam que o caminho de evolução espiritual daquele jovem monge fosse corrompido.

A mulher preparou um jantar para o jovem monge, que agradeceu a gentileza. Os dois se sentaram juntos à mesa. Do lado de fora, observando atentamente tudo o que acontecia pela janela da casa, os monges começaram a perder a esperança de que o jovem conseguisse permanecer no caminho da iluminação. Mas nada aconteceu.

Após o jantar, no entanto, a bela mulher começou a dançar para o monge. Os observadores ficaram perplexos, mas, mais uma vez, nada aconteceu. Antes de dormir, a mulher insistiu para que o jovem monge trocasse seu traje surrado pelas tantas viagens e pudesse dormir mais confortavelmente com uma vestimenta nova e mais suave ao toque. Quando os monges viram isso ocorrer, desistiram de observar, pois tiveram a certeza de que o jovem tinha perdido o seu caminho.

Passado o período das chuvas, os monges se reuniram novamente com o mestre. Porém, faltava um deles... aquele jovem... Quando um dos discípulos ia contar o que havia ocorrido com o monge, eis que ele apareceu. O mestre abriu um grande sorriso e perguntou a ele: "Quem é essa moça ao seu lado vestida de monja?".

Nesse belo conto da cultura hinduísta podemos observar mais uma vez o poder dos paradoxos. Quem será que tinha avançado mais em seu caminho da iluminação? Aqueles monges que desviaram da casa da prostituta ou aquele jovem monge que a converteu ao caminho da iluminação?

Para além da curiosidade dessas discussões, o conceito de paradoxo é algo fundamental para a quebra de paradigmas que nos prendem em "verdades absolutas". Se o amor pode ser "infinito enquanto dure", se o "para sempre, sempre acaba", se Epimênides pode estar falando algo "falso e verdadeiro ao mesmo tempo", se o gato pode "estar vivo e morto ao mesmo tempo" e se o monge pode se abrigar na casa da prostituta e ao mesmo tempo acelerar sua iluminação espiritual, então devemos começar a incorporar o conceito das *atitudes extraordinárias* e questionar aquelas noções que imperam em algumas empresas, como: "fazemos dessa maneira porque sempre funcionou", "não podemos mudar nossa cultura de trabalho duro", "o cliente sempre tem razão" e assim por diante.

Nos capítulos a seguir, destrincharei os dez princípios que as pessoas que desenvolveram essas *atitudes extraordinárias* têm em comum.

Devemos começar a incorporar o conceito das atitudes extraordinárias e questionar aquelas noções que imperam em algumas empresas.

capítulo 3

Apenas um plano, diversos focos

Ainda sob a inspiração do capítulo anterior, em que navegamos pelo incrível mundo dos paradoxos, este capítulo apresentará dois princípios das *atitudes extraordinárias*. Como em um paradoxo, aparentemente, eles parecerão incongruentes. Porém, garanto que os dois conceitos são perfeitamente harmônicos, como explicarei ao longo do capítulo.

PRINCÍPIO 1 - DESENVOLVER APENAS O PLANO A

> "Quando em dúvida, não prossiga."
> **Benjamin Franklin (1706-1790), polímata[14] norte-americano.**

Às 5h32 da manhã do dia 3 de junho de 2017, sob a tênue luz ainda alaranjada do dia que timidamente se anunciava, o alpinista Alex Honnold

---

[14] Polímata. (Substantivo de dois gêneros) Indivíduo que estuda ou que conhece muitas ciências; polígrafo, polímate. Etimologia: do grego *polumathḗs, ḗs, és* (adjetivo) "que sabe muito" e (advérbio) *polumathỗs* no sentido de "com grande saber"; a forma latina teria sido *polumăthes* ou *polumătha*, daí as formas vernaculares polímato, polímata, polímates, polímate etc.; forma histórica 1873 *polymatho*. **Houaiss**. Polímato. Disponível em: https://houaiss.uol.com.br/corporativo/apps/uol_www/v5-4/html/index.php#1. Acesso em: dez. 2020.

começou a sua histórica escalada do El Capitan, um paredão de granito com mais de 900 m de altura, no Parque Nacional de Yosemite, na Califórnia, EUA. Um desafio com tal dimensão não é algo tão intimidador no mundo do alpinismo, porém dessa vez existia um ponto muito especial na maneira como Honnold escalaria aquela montanha.

Nesse dia, ele se tornou a primeira pessoa a enfrentar a subida na emblemática parede de granito *sem usar cordas ou outros equipamentos de segurança*, ou seja, tendo apenas seu plano A. Sua escalada se tornou o que talvez possa ser considerado o maior feito na história do esporte até a data em que escrevo estas palavras.

O que nos leva a refletir: será que se ele contasse com os apoios de segurança usuais desse tipo de escalada, teria a mesma concentração e eficiência que obteve no percurso? Será que a preparação dele teria sido idêntica? Quando um alpinista comete um erro e, por exemplo, "pisa em falso" ou escorrega em alguma manobra, felizmente existem equipamentos de segurança que previnem uma queda, que, na grande maioria das vezes, pode ser fatal. No caso de Honnold, qualquer equívoco certamente significaria sua morte. Portanto, a sua preparação e nível de concentração no momento da subida não poderiam ser similares aos de alguém que tivesse um plano B. Ele estava munido apenas de seu plano A. Não havia uma segunda alternativa.

Nesse estilo de escalada sem nenhuma proteção, conhecido como *freerider*, os desafios físicos mais assustadores são trechos de rochas onduladas e íngremes em que o granito, pacientemente polido pelos glaciares ao longo dos milênios, não tem saliências que sirvam de apoio, o que exige que o alpinista suba utilizando apenas os pés. Honnold utiliza uma técnica complexa chamada *smearing*, que consiste em fazer pressão com a sola de borracha dos sapatos contra a rocha para gerar bastante aderência, de forma a suportar o seu peso na inclinação. Principalmente durante esses trechos da escalada, ele teve de manter o peso perfeitamente equilibrado e de dar o impulso certo para a frente para evitar escorregar. "É como se estivesse subindo em uma peça de vidro", disse Honnold.[15] Alex demorou três horas e cinquenta e seis minutos para chegar ao pico. Às 9h28, sob um céu azul com poucas nuvens, o jovem alpinista impulsionou o seu corpo sobre a orla do cume e apoiou-se sobre um patamar que tinha uma superfície de apenas poucos metros.

Algo importante que quero deixar claro aqui é que ter apenas o plano A, sem o desenho de um plano B, não tem nada a ver com ser aventureiro, "machão" e muito menos imprudente. Significa buscar o máximo de concentração e esforços para aquele objetivo que você almeja alcançar, evitando *qualquer* elemento que possa lhe atrapalhar nessa busca. Também tem relação com timing, ou seja, com ter foco total *naquele momento,* na linha contínua do espaço-tempo, e, finalmente, tem a ver com muito estudo, preparo e dedicação.

Em novembro de 2016, Honnold fez a sua primeira tentativa de escalar o El Capitan sem acessórios de segurança, mas teve que desistir em pouco menos de uma hora de subida devido às condições climáticas desfavoráveis. Ou seja, não havia um plano B, mas existia um plano de contingência relacionado ao timing. Também havia prudência e racionalidade. Honnold percebeu que naquele momento seria muito arriscado continuar a escalada e por isso adiou a conquista do seu grande objetivo para um momento mais propício.

Se ele tivesse um plano B, por exemplo escalar uma montanha menor, caso as condições climáticas não fossem favoráveis, não teria alcançado a façanha que o tornou o alpinista mais famoso do mundo e, até este momento, o único atleta a ter escalado o El Capitan sem ter usado nenhum equipamento de segurança. O feito de Honnold foi

---

15 SYNNOTT, M. Como Alex Honnold escalou – sem cordas – a parede mais temida do mundo. **National Geographic**. 25 fev. 2019. Disponível em: https://www.nationalgeographicbrasil.com/aventura/2019/02/como-alex-honnold-escalou-sem-cordas-parede-mais-temida-do-mundo. Acesso em: dez. 2020.

registrado na premiada produção *Free solo*,¹⁶ documentário vencedor do Oscar em 2019.

==Que fique claro que não ter um plano B não significa eliminar outras possibilidades da sua vida, mas considerar quando investir energia em eventuais outras atividades.==

No livro *Quando: os segredos científicos do timing perfeito*,¹⁷ o renomado autor Daniel H. Pink argumenta que não apenas o "que" e o "como" se faz algo, mas também o "quando" pode alterar totalmente o resultado final, ou seja, o *momento específico* em que algo é realizado. Embasado em diversas pesquisas e casos interessantes, Pink busca mostrar que o entendimento do *timing* para realizar algo é crucial no sucesso ou no fracasso de uma tarefa, inclusive na nossa propensão para determinadas atividades durante os diversos períodos de um dia.

Nos estudos apresentados no livro, por exemplo, os alunos tendem a ter melhores resultados em exames quando os realizam no período da manhã. Algumas decisões, que dependem de um raciocínio analítico, têm um resultado melhor quando tomadas antes do meio-dia e assim por diante. O motivo de trazer à tona essa publicação de Pink é que o meu argumento que desencoraja um plano B vai ao encontro da maximização de um objetivo, mas não da eliminação de outras atividades da sua vida. Justamente por existirem diferentes momentos no seu dia, semana etc., você poderá potencializar a sua performance na vida como um todo, se entender o que fazer em cada um desses momentos.

Por exemplo, nas horas de estudo, treinamento ou qualquer atividade que integre a realização de um grande objetivo, como foi o caso da escalada do El Capitan, você deve estar 100% ali. E,

---

16 **FREE SOLO**. Direção: Jimmy Chin; Elizabeth Chai Vasarhelyi. EUA: National Geographic Documentary Films, 2018. DVD (100 min).

17 PINK, D. H. **Quando**: os segredos científicos do timing perfeito. Rio de Janeiro: Objetiva, 2018.

obviamente, isso também se aplica ao momento específico em que ocorrerá o evento, se for o caso de algo como um desafio esportivo, uma apresentação ou competição. Qualquer pensamento em um plano B nessas ocasiões somente irá gerar distrações. Porém, em outros instantes em que você não esteja se preparando para aquele objetivo (o plano A), você pode ter outras atividades que possivelmente apresentarão potencial de se tornar novos planos As em um momento futuro, caso o atual não funcione, não faça mais sentido ou simplesmente porque você já conquistou o que queria e precisa de um novo desafio. Ainda neste capítulo, irei aprofundar esse conceito com uma aplicação mais prática, quando mencionar minha mudança de carreira.

"QUEIMEM OS NAVIOS!"

No século XVI, mais precisamente em 1519, Hernán Cortés (1485-1547), um conquistador espanhol que tinha a reputação de não medir esforços para alcançar seus objetivos, desembarcou em Veracruz (o que se conhece hoje por terras mexicanas), vindo da recém-conquistada Cuba, com cerca de seiscentos homens.

Quando chegaram em terra firme, Cortés percebeu certa hesitação de seus soldados para sair da praia e adentrar o continente seguindo com a exploração. Cortés, então, conversou com alguns de seus líderes e entendeu que eles realmente questionavam se o melhor curso de ação seria seguir adiante, já que essas novas terras pareciam bastante inóspitas.

==Partindo de pura especulação, imagino que seus soldados possam ter argumentado com Cortés que eles deveriam considerar alternativas.== Quem sabe criar um plano B, caso a estratégia de seguir com a exploração campo adentro não fosse bem-sucedida? Quem sabe, ainda, reconsiderar se realmente precisavam seguir com aquela missão? Afinal de contas, já tinham conquistado Cuba e poderiam voltar para lá e ter uma vida boa. De repente, ficou claro para Cortés que só havia uma ação que poderia ser feita para que seus soldados parassem com toda aquela hesitação e voltassem a focar em seu objetivo. Eles precisavam eliminar o plano B.

"Queimem os navios!". Essa frase, mundialmente conhecida, é atribuída a Cortés, que a teria esbravejado a seus subalternos, dando a ordem para que destruíssem os três navios fundeados na baía de Veracruz, para que não existissem mais meios para o regresso de qualquer soldado. Dessa maneira, as opções eram seguir em frente com a exploração ou morrer na praia. Em 8 de novembro de 1519, Cortés, juntamente com seus soldados, entrou na capital asteca de Tenochtitlán (atual Cidade do México) e conquistou o império asteca.

Tal exemplo, que utilizo sem fazer julgamento de valores, ilustra um caso histórico em que o "tomador de decisão", no caso, Cortés, só admitia um plano A para atingir os resultados que almejava. No entanto, com isso não estou aqui defendendo as ações do conquistador espanhol do ponto de vista da subjugação do povo asteca, o que claramente foi uma atrocidade.

DA MÚSICA AOS NEGÓCIOS

Quando me dediquei profissionalmente à música instrumental, no começo da minha carreira, não tinha um plano B. Por dez anos aquele foi o meu plano A e isso me levou a atingir excelência no que fazia. Quando, após centenas de concertos, eventos e diversas gravações, inclusive álbuns solo, percebi que aquele plano A não me levaria a atingir o retorno financeiro que almejava, estabeleci um outro objetivo, que era o de ter sucesso em uma nova carreira: no mundo dos negócios.

Mas veja que a minha mudança de carreira para o mundo empresarial não era o meu plano B, mas um novo plano A. Eu honestamente não segui o caminho da música pensando que "caso não dê certo, mudo de carreira". ==Após dez anos de dedicação, comecei a repensar meu caminho e aí, sim, desenvolvi um novo plano A. Conectando com o que falei anteriormente, durante o período em que a música foi o meu plano A eu obviamente fazia outras coisas.== Por exemplo, ler biografias de grandes líderes e empresários famosos era uma das coisas que gostava de fazer. Não estou argumentando aqui que essas leituras me prepararam para uma carreira na área de negócios, mas que esse hábito me ajudou a ter um norte na hora de escolher outro caminho para a minha vida profissional, o que *eventualmente* se tornou o meu novo plano A.

Ainda não está convencido da eficácia de ter apenas o plano A? Um estudo publicado em 2016, conduzido por duas cientistas das universidades de Wisconsin e da Pensilvânia, buscou entender o impacto de ter apenas um plano A no desempenho de uma tarefa qualquer.[18] O objetivo era saber se ter um plano alternativo fazia alguma diferença ou não nos resultados de alguém com uma meta a cumprir. Para um grupo, as pesquisadoras pediram que as pessoas simplesmente realizassem uma atividade, enquanto, para outro, elas solicitaram que, antes de começar a tarefa, pensassem no que fariam caso não conseguissem realizá-la.

Em *todas* as vezes que conduziram a experiência, as pessoas que concebiam um plano B atingiam resultados *piores* na realização das atividades. Ou seja, ficou claro que a existência de um plano B atrapalhava a execução do plano A.[19]

---

18 BEARD, A. Making a backup plan undermines performance. **Harvard Business Review**, set. 2016. Disponível em: https://hbr.org/2016/09/making-a-backup-plan-undermines-performance#:~:text=We%20think%20that%20when%20achieving,the%20promised%20reward%20of%20%241. Acesso em: 17 mar. 2021.

19 SHIN, J.; MILKMAN, L. How backup plans can harm goal pursuit: the unexpected downside of being prepared for failure. **ScienceDirect**, jul. 2016, 135, pp. 1-9. Disponível em: https://www.sciencedirect.com/science/article/abs/pii/S0749597816302096. Acesso em: mar. 2021.

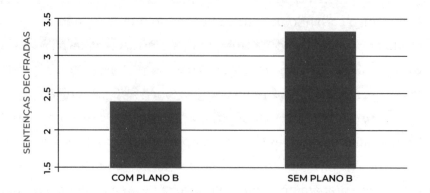

Não estou propondo aqui o radicalismo de "queimar navios" ou algo do tipo, mas, simplesmente, que todos os possíveis planos alternativos devam ser planos As em essência. Em outras palavras, não é que não deva existir um plano alternativo, mas que esse backup não concorra com o plano A. Em essência, esse potencial plano B só existirá em um outro momento que não "canibalize" o plano principal e, por definição, também se tornará um plano A. Pode parecer uma grande confusão semântica todas essas idas e vindas com a definição do plano A, mas isso também faz parte do conceito *atitudes extraordinárias*.

UM MÉTODO PARA FOCAR APENAS NO PLANO A

▸ Crie uma "matriz de decisões"

Existem vários modelos de "matrizes de decisões". A que vou apresentar aqui é um modelo simples e efetivo. Ao fazer este exercício, você terá mais clareza de que o plano que escolher é o que realmente deve seguir. A partir do instante que tiver essa percepção, terá mais foco para continuar seu plano A, mesmo nos momentos de maior dificuldade. O exercício consiste em avaliar um plano, ideia ou estratégia sob a óptica de duas variáveis: *impacto* e *facilidade de execução*. Se um plano tem alto impacto, ou seja, pode gerar benefícios tangíveis importantes e, ao mesmo tempo, é algo relativamente fácil de implementar (quadrante "Siga em frente!", do quadro a seguir), esse é o plano, ideia ou estratégia que tem mais chances de sucesso. Porém, nem sempre as coisas funcionam desse modo. **Existem momentos na vida em que talvez um plano que não gere tanto impacto, mas que seja relativamente fácil de executar (quadrante "Possivelmente descarte"), pode ser o melhor a ser seguido naquele momento.** Da mesma maneira, algo muito difícil de executar, mas com um grande impacto (quadrante "Avalie mais profundamente"), como a escalada de Honnold, pode ser o plano ideal para o que você busca porque pode potencialmente concretizar uma verdadeira atitude extraordinária. O que é invariavelmente recomendado é que, a não ser que você seja masoquista, um plano que cause baixo impacto e ao mesmo tempo seja difícil de executar (quadrante "Descarte") deve ser realmente deixado de lado.

IMPACTO	FACILIDADE DE EXECUÇÃO	
(alto)	**Avalie mais profundamente** Neste quadrante, apesar de não ser fácil de executar, o impacto é alto. Portanto, faça uma análise mais profunda para ver se valeria a pena seguir com esse caminho.	**Siga em frente!** Este quadrante apresenta as condições ideais para o seu sucesso. O plano possui alto impacto e alta facilidade de execução.
(baixo)	**Descarte** Neste quadrante o impacto é baixo e é algo difícil de executar. Não vale a pena seguir em frente.	**Possivelmente descarte** Neste quadrante, a facilidade de execução é um fator a ser considerado, porém, como o impacto é baixo, talvez não faça sentido seguir em frente.
	(baixa)	**(alta)**

▶ **Foque os benefícios**

Escreva, de preferência à mão, todos os benefícios que alcançará se tiver êxito em seu plano A. Por exemplo, imagino que se Honnold tivesse feito esse tipo de exercício em relação a sua escalada, teria escrito alguns pontos do tipo:

▷ Superação pessoal incomparável;
▷ Respeito de meus amigos e familiares;

- Fama mundial;
- Geração de recursos financeiros para continuar com o meu trabalho e poder ajudar outros (Honnold criou uma fundação beneficente);
- Motivar pessoas a alcançar os próprios objetivos.

Agora é com você! Pegue uma folha em branco, escreva a frase: "Quando eu atingir êxito em meu plano A, terei os seguintes benefícios:" e comece a listá-los. Repare que a frase não é "*Se* eu atingir êxito..." e sim "*Quando* eu atingir...". Não sou especialista em programação neurolinguística, mas acredito no poder das palavras, da visualização e da antecipação da sensação de ter atingido algo. **Portanto, por mais cético que você seja, um pouco de psicologia positiva vai lhe fazer bem.** Faça esse exercício imaginando cada detalhe de como você vai se sentir recebendo cada um dos benefícios que estarão na sua lista.

▶ Analise se está disposto a "pagar o preço"

Aqui você terá que fazer uma reflexão profunda sobre se está disposto a "pagar o preço" caso o plano A fracasse. Se a resposta for não, volte à matriz de decisões e escolha outro plano A. No caso de Honnold, o fracasso significaria a morte. Mas lembre-se de que quando as condições não foram ideais, ele abortou a missão e a retomou em outro momento. Então, sim, ele sabia que tinha uma chance de morrer se falhasse, mas, além de se preparar ao máximo, tinha consciência de que talvez precisasse adiar seu plano A caso fosse necessário. No meu caso, em vez de adiar meu plano A de ficar "famoso" com a música, após alguns anos naquele caminho, decidi que não estava disposto a pagar o preço caso não alcançasse aquela meta. Portanto, parti para outro plano A, que foi buscar sucesso em uma carreira no mundo dos negócios.

Não sou especialista em programação neurolinguística, mas acredito no poder das palavras, da visualização e da antecipação da sensação de ter atingido algo.

PRINCÍPIO 2 – SER MULTIFOCAL

> "Estude a ciência da arte. Estude a arte da ciência. Desenvolva seus sensos – principalmente aprenda como enxergar. Perceba que tudo se conecta a tudo o mais."
>
> **Leonardo da Vinci (1452-1519), polímata italiano.**

Opa! Como mencionei na abertura deste capítulo, algo deve estar soando estranho para você, que acabou de ler o princípio anterior no qual eu advogo ter somente um plano A. Este novo princípio pode lhe parecer incoerente com o anterior, mas garanto que não é. A diferença dos dois conceitos está no simples fato de que a existência de um plano B, como expliquei anteriormente, atrapalha o plano A. Isso porque o plano B só existe para uma eventual substituição do plano A. No conceito de multifoco, as diversas atividades não são mutuamente exclusivas. Elas não só podem, como *devem* coexistir. A integração entre diferentes disciplinas contribui para a criação de projetos mais bem-sucedidos em todos os aspectos.

Às vezes a ideia de multifoco é confundida com multitarefa, porém são conceitos muito diferentes. Enquanto alguém que está fazendo uma ou mais atividades ao mesmo tempo, como falar com alguém enquanto checa mensagens no celular, está dividindo o foco, uma pessoa com multifoco se dedica 100% a atividades diferentes no momento em que as realiza.

No livro *Porque os generalistas vencem em um mundo de especialistas*,[20] o jornalista investigativo David Epstein apresenta suas teorias embasadas em casos reais e pesquisas a respeito de um paradoxo intrigante: como, em um mundo cada vez mais especializado, os profissionais mais bem-sucedidos são *justamente os generalistas*. Esses

---

[20] EPSTEIN, D. **Por que os generalistas vencem em um mundo de especialistas**. Rio de Janeiro: Globo Livros, 2020.

profissionais são aqueles que mais frequentemente conseguem pensar fora da caixa e encontram saídas para problemas bastante complexos por meio da conexão entre áreas e ideias aparentemente incompatíveis. A obra é repleta de casos que demonstram esse aparente paradoxo. Em um exemplo bem tangível, Epstein apresenta um estudo, publicado no final de 2014 por uma equipe de cientistas alemães, demonstrando que os membros da seleção nacional de futebol alemã, aquela equipe imbatível que tinha acabado de vencer a Copa do Mundo, eram tipicamente o que eles chamavam de "especialistas tardios". Esses jogadores passaram boa parte da infância e da adolescência praticando outros esportes além do futebol. Para nós brasileiros, aliás, essa foi uma Copa inesquecível pela triste derrota que a seleção brasileira sofreu de 7×1 justamente contra o time alemão.

Jorge Paulo Lemann, provavelmente o maior empresário brasileiro da atualidade, não criou seu império focando-se em apenas um negócio. Ele desenvolveu vários negócios bem-sucedidos ao passo que também se dedicou a diferentes atividades. Lemann foi jogador de tênis profissional e pentacampeão brasileiro. Ele tinha também diversos hobbies, como a caça submarina. O que fez a diferença é que em cada atividade ele dava 100%. Tinha foco total naquele momento em que se dedicava a tal atividade. Leonardo Da Vinci, considerado um dos grandes gênios da humanidade, foi um polímata, ou seja, pessoa que estuda ou conhece várias ciências e que exerce as mais diversas atividades com maestria. Foi cientista, matemático, engenheiro, inventor, anatomista, pintor, escultor, arquiteto, botânico, poeta e músico. É ainda conhecido como o precursor da aviação e da balística.

Mas provavelmente a pessoa da atualidade que melhor personifica o conceito que abordo neste capítulo é ninguém mais, ninguém menos que o maior fisiculturista de todos os tempos. Ou seria um dos mais bem pagos atores de Hollywood de todos os tempos? Ou quem sabe o ex-governador do estado mais populoso do país mais poderoso do mundo? Bem, todas essas descrições apontam para a mesma pessoa: Arnold Schwarzenegger. Você provavelmente já ouviu falar esse nome, mas, caso não saiba de quem se trata, a seguir contarei uma breve trajetória de sua carreira.

Arnold Alois Schwarzenegger nasceu em Thal, na Áustria, em 30 de julho de 1947. Apaixonado por esportes, Schwarzenegger iniciou treinamentos físicos intensos aos 15 anos, visando sua saúde e a vaidade em definir os músculos do próprio corpo. Nesta época, desejava trabalhar como modelo fotográfico. Aos 20 anos foi premiado com o título de Mr. Universo e, ao longo de sua carreira, venceu o concurso Mr. Olympia por sete vezes. Permaneceu uma personalidade proeminente no fisiculturismo mesmo após sua aposentadoria e escreveu vários livros e inúmeros artigos sobre o esporte. Ganhou fama internacional, tornando-se um ícone de filmes de ação de Hollywood nas décadas de 1980 e 1990, notável pelos papéis principais em filmes como *Conan, o bárbaro* e *O exterminador do futuro*. Foi eleito governador da Califórnia pela primeira vez em 2003 e reeleito em 2006 para servir um mandato completo. Em 2004 e em 2007, foi nomeado pela revista *Time* uma das cem pessoas que ajudaram a moldar o mundo.

Desde muito cedo, Schwarzenegger tinha um objetivo claro e inequívoco: mudar-se da Áustria para a América e ganhar milhões de dólares. Com isso em mente, logo que começou a se destacar em atividades esportivas, enxergou no fisiculturismo o passaporte para levá-lo para mais perto de seu sonho. De maneira mais ou menos consciente, ele sabia que precisava ser multifocal. Por exemplo, além de se dedicar com muita disciplina ao fisiculturismo, também havia a necessidade de aprender a língua inglesa para que pudesse se mudar para a América. Além disso, se quisesse ter o mesmo sucesso de alguns de seus ídolos, como Steve Reeves e Reg Park, que foram catapultados do mundo do fisiculturismo para se tornarem estrelas do cinema, precisava, a certa altura, estudar atuação. Mas acima de tudo, sabia que teria que conseguir uma fonte de renda que pudesse mantê-lo até que atingisse os seus objetivos. Perceba que em nenhum momento Schwarzenegger pensava algo do tipo "se o fisiculturismo não der certo, vou tentar a profissão de ator" ou "se o trabalho de ator não der certo, vou seguir em uma carreira de negócios". Isso seria ter um plano B ou C, como descrevi no primeiro capítulo, e não era essa estratégia que o levaria a se tornar essa pessoa tão bem-sucedida em diversas áreas.

Como ele próprio descreve em sua autobiografia *Arnold Schwarzenegger: a inacreditável história da minha vida*,[21] quando ele chegou aos Estados Unidos, imediatamente começou a ter aulas de atuação e montou um pequeno negócio para ter uma renda adicional ao salário que Joe Weider, um dos grandes empresários do fisiculturismo e a pessoa responsável por levar o austríaco para os Estados Unidos, lhe pagava para treinar representando a sua marca. O empreendimento era na área de reformas de casas, então ele aproveitava, além da sua própria mão de obra, a dos colegas da musculação como Franco Columbu. Falecido em 2019 aos 78 anos, Columbu era o melhor amigo de Schwarzenegger. Em um vídeo publicado no YouTube em 2016, os dois celebram a amizade de mais de cinquenta anos e se divertem visitando um muro que eles mesmo haviam construído em 1971 e que ainda estava de pé. Não podemos esquecer que ele fazia tudo isso ao mesmo tempo em que obviamente treinava como um louco para continuar ganhando os títulos em fisiculturismo, que era o pilar da sua estratégia vencedora.

Quando eu morei em Los Angeles, tive oportunidade de participar de um evento em que Schwarzenegger promovia sua candidatura ao governo da Califórnia. Um dos pontos principais que ele defendia era um programa sério de *after school* (atividades na escola após o período de aula) para as escolas da rede pública. Ele argumentava que,

---

21 SCHWARZENEGGER, A. **Arnold Schwarzenegger**: a inacreditável história da minha vida. Rio de Janeiro: Sextante, 2012.

principalmente em regiões mais pobres, os adolescentes teriam menos chances de se envolver em problemas se estivessem ocupados desenvolvendo seu potencial em diversas atividades, tanto esportivas como intelectuais. Ao final da apresentação, uma senhora da plateia questionou como ele poderia ser uma boa influência para esses jovens, já que muitos de seus filmes eram violentos e, de certa forma, promoviam agressividade. Com muita tranquilidade, o candidato respondeu à pergunta com uma outra pergunta: "quem a senhora acha que os jovens vão ouvir, um burocrata que sempre viveu da política ou alguém que ganhou o maior evento de fisiculturismo mundial sete vezes, que se tornou um dos maiores astros de Hollywood e que, além de tudo, é um homem de família, casado há mais de vinte anos e com quatro filhos? O que quero mostrar para esses jovens é que eles podem ser o que quiserem, sem abdicar de valores fundamentais que fazem de todos nós bons seres humanos". Guardando as devidas proporções do contexto político dessa resposta, claramente existe aqui a promoção do conceito de uma vida multifocal.

Você pode estar pensando que os exemplos citados não funcionam bem como referência porque são indivíduos muito acima da média. Obviamente que essas pessoas estão acima de qualquer média, mas podem e devem ser usadas como modelos, pois desmitificam a noção de que só quem se dedica a uma única atividade consegue sucesso. Eu poderia citar dezenas de pessoas que conheci e mesmo centenas ou até milhares de pessoas que podemos investigar e encontrar nelas o mesmo padrão. Usei esses ícones porque a grande maioria das pessoas os conhece. Esses personagens que menciono simplesmente escancararam o conceito de multifoco. Porém, não é preciso ser um ícone mundial para aplicar essa estratégia. Mais do que isso, a ideia aqui é lhe fazer refletir sobre crenças limitadoras que não lhe permitem desenvolver e potencializar as *atitudes extraordinárias*.

TUBARÃO CAMPEÃO

No nível de competição olímpica de natação, frações de segundo determinam se um atleta ganha ouro, prata ou bronze. Enquanto treino e técnica são insubstituíveis, um traje de natação pode fazer a diferença entre o ouro e a prata.

A revolucionária *fastskin* (algo como "pele rápida") foi desenvolvida pela equipe da área de pesquisa e desenvolvimento da fabricante de artigos esportivos Speedo, liderada por Fiona Fairhurst, pesquisadora, designer de produtos e ex-nadadora inglesa. Eles conseguiram desenvolver um traje de natação que tornou o corpo humano mais hidrodinâmico, ou seja, a roupa ajuda o corpo a transitar pela água com menor resistência. O grande desafio de Fairhurst estava em encontrar ou desenvolver algum tipo de material que conseguisse reduzir a fricção da pele com a água. Em vez de seguir o senso comum e concentrar suas atenções em todos os tipos de materiais usados para fabricar roupas de atletas, ela resolveu expandir seu foco e começou a estudar outra área: Zoologia. Afinal, existem diversas espécies de animais que nadam muito mais rápido do que qualquer campeão olímpico humano.

Não demorou muito para que sua busca a levasse aos animais marinhos, mais particularmente a uma espécie: o tubarão. Mesmo criando uma enorme turbulência na água com seus corpos massivos, os tubarões são nadadores extremamente ágeis. Estudando o comportamento desses notáveis seres, os pesquisadores entenderam que o segredo da desenvoltura deles na água estava em um detalhe: a pele dos tubarões não é igual à pele dos outros peixes. Em vez das tradicionais escamas, ela é composta de microscópicas escamas com arestas chamadas dentículos. Os cientistas desconfiam que essas estruturas compartilham da mesma origem evolutiva dos dentes que conhecemos, justamente pelo fato de terem mais características em comum com eles do que com as escamas. Esse padrão de dentículos diminui a quantidade de água que toca o tubarão à medida que ele nada. Menos atrito, mais velocidade! Baseado nisso, a Speedo desenvolveu um material que imitava a estrutura da pele dos tubarões. O resultado atingido foi a criação de um traje de natação com aqueles dentículos, extremamente eficiente em diminuir a resistência que a água naturalmente exerce no corpo do atleta.

Será que funcionou? A *fastskin* estreou em 2000 nas Olimpíadas de Sidney, na Austrália, onde nada mais, nada menos do que 83% das medalhas de natação foram ganhas por competidores usando o traje inspirado nos tubarões. Em 2004, nas Olimpíadas de Atenas, na Grécia, nadadores que usaram uma segunda geração da roupa inovadora ganharam um total de 47 medalhas. A evolução do traje continuou e, nas Olimpíadas de 2008 em Beijing, na China, Michael Phelps, usando a *fastskin*, conquistou oito medalhas de ouro. Na verdade, 94% de todos que ganharam medalhas de ouro na natação e 98% de todos os nadadores que ganharam medalhas naquela edição estavam usando essa versão mais avançada do traje criado pela Speedo. A descoberta de Fairhurst foi tão efetiva que a Fédération Internationale de Natation (FINA, instituição que regulamenta o esporte de natação) baniu o uso de trajes como esse por considerar que gerava uma vantagem desproporcional para os competidores.

Imagem ampliada da pele de tubarão

Histórias como a de Jorge Paulo Lemann, Leonardo da Vinci, Arnold Schwarzenegger e de Fiona Fairhurst mostram que a confluência de disciplinas, ou o que estou chamando de multifoco, é uma maneira poderosa de se alcançar sucesso. Portanto, pensamentos como "se eu tivesse mais tempo para me dedicar à atividade X, estaria mais rico, mais feliz, mais realizado etc." não passam de "desculpas confortáveis". Não é que a desculpa não faz sentido ou que é uma invenção, mas que lhe coloca em uma posição confortável em seu *statu quo*.* A *vida é multifocal*. Você exercerá diversas funções na vida concomitantemente. Será filho e aluno, ao mesmo tempo em que pais/mães são maridos/esposas, professores, empresários, atletas, músicos etc. Tudo ao mesmo tempo. Entender e aceitar as sutilezas dessa realidade é mais uma das estratégias daqueles que navegam no universo das *atitudes extraordinárias* e atingem patamares de excelência cada vez mais altos nos vários segmentos da vida.

UM MÉTODO PARA SE TORNAR MULTIFOCAL

▶ Esteja 100% presente

Isso parece um clichê super batido e talvez seja mesmo, mas a verdade é que não posso deixar de mencionar essa questão porque muita gente confunde o conceito de multifoco com "fazer um monte de coisas".

Para se ter multifoco é preciso estar 100% presente em cada atividade que está sendo realizada. Não adianta treinar tênis focado e, na musculação, checar as mensagens no WhatsApp entre uma pausa e outra. Acredite, eu já fiz isso e não funciona. Quando fazemos um monte de coisas mas sem estar 100% presente em cada atividade,

---

* Apesar de *status quo* ser amplamente difundido com um "s" no final de status, em latim, a forma correta do termo é *statu quo*, por ser uma redução da expressão latina *in statu quo ante*, que significa "no estado em que estava antes".

temos a sensação de estarmos produzindo muito, mas é apenas ilusão. Como veremos em mais detalhes no princípio 8, precisamos mensurar nossas atividades em resultados atingidos e não em tempo dedicado. Paradoxalmente, podem existir "distrações" que nos ajudam a manter o foco.

Por exemplo, para muitas pessoas, ouvir música enquanto corre ou pratica exercícios físicos ajuda a manter o foco no que estão fazendo. Perceba que nesse caso a música não é realmente uma distração e, sim, um mecanismo que ajuda o indivíduo a se manter focado na atividade principal. O problema é que como ouvimos música em nossos *smartphones*, a tentação de, no meio da atividade, checarmos alguma mensagem é constante. No entanto, se verificarmos uma simples e inocente mensagem nesse contexto, provavelmente sairemos do *flow*[22] daquela atividade e então nosso aproveitamento diminui significantemente.

▶ Comprometa-se!

Uma confusão comum que as pessoas fazem é pensar que alguém que começou três faculdades mas não completou nenhuma é uma pessoa com multifoco. Definitivamente não! **As pessoas com multifoco atingem a maestria em diversas atividades e por isso se comprometem a terminar o que começam.** Isso pode parecer óbvio, no entanto, é necessário criar um real compromisso consigo mesmo para finalizar aquilo que foi iniciado, pois a tentação de parar no meio algo que não seja a sua atividade principal é grande. Mas como fazer isso? Use "artifícios de comprometimento". Basicamente, o conceito demonstra que muitas vezes precisamos de algum expediente para poder nos manter fiéis aos nossos compromissos de médio e longo prazo.

---

[22] *Flow* ou fluxo é o conceito desenvolvido pelo psicólogo húngaro Mihaly Csikszentmihalyi, que se refere a um estado mental altamente focado que conduz à produtividade. O'KEEFE, P. A. Liking work really matters. **The New York Times**, 5 set. 2014. Disponível em: https://www.nytimes.com/2014/09/07/opinion/sunday/go-with-the-flow.html. Acesso em: 17 mar. 2021.

Por exemplo, contratar um *personal trainer* vai além de ter alguém para lhe orientar a fazer exercícios. É um profissional que também o ajuda a manter o compromisso de se exercitar com regularidade. Algo similar ocorre quando pessoas que estão se preparando para correr uma maratona, ou qualquer tipo de competição, treinam em pares ou até em grupos. Uma pessoa ajuda a outra a se manter comprometida. Portanto, procure qualquer artifício de comprometimento que funcione para você.

▶ Use melhor o "tempo acumulado"

Não tenho a intenção aqui de lhe ensinar a programar a sua agenda. Já existem milhares de livros e artigos que falam sobre isso. Mas quero chamar atenção para o que batizei de conceito de "tempo acumulado". Imagine qualquer atividade automática que você realiza todos os dias: escovar os dentes, tomar banho, tomar café, fazer a barba etc. Em apenas um dia, essas atividades tomam um tempo insignificante, mas, quando acumuladas em dias, semanas e anos... a questão muda de figura.

Por exemplo, em média, um homem razoavelmente eficiente passa cinco minutos todos os dias fazendo a barba. Em um mês, foram 150 minutos dedicados a isso. Ao longo de um ano, serão 1.800 minutos. Com 80 anos, estimando que essa pessoa tenha começado a fazer a barba aos 20 anos, terão sido 108.000 minutos fazendo a barba, o que equivale a 1.800 horas ou 75 dias. Já se essa pessoa não for tão eficiente e leve dez minutos por dia fazendo a barba, ela passaria 150 dias da vida nesta função.

Apesar de eu manter minha barba e gastar 20% desse tempo para apará-la uma vez por semana, obviamente não estou advogando para que todos os homens deixem a barba crescer, mas para que todos nós, homens e mulheres, consigamos economizar um ou dois minutos nas tarefas automáticas que fazemos todos os dias. Se economizarmos dois minutos no banho, um minuto no café e assim por diante, no final de um mês teremos algumas horas que puderam ser empregadas de maneira mais efetiva em outras atividades.

Caso você aplique este conceito para, naqueles cinco ou dez minutos de espera para entrar em uma reunião, ligação ou no consultório do dentista, dedicar à leitura de um trecho de um livro (pode ser no próprio *smartphone*) em vez de checar as redes sociais ou o WhatsApp, garanto que ao final de um ano terá lido muito mais do que imagina.

▶ Procure atividades verdadeiramente complementares

Um praticante de tênis poderia começar a jogar *squash* porque, afinal, são atividades complementares, correto? Errado! Aqueles que jogam tênis sabem que o *squash* acaba atrapalhando a técnica do tênis. Obviamente que por prazer você pode jogar os dois esportes, mas praticando ambos, será mais difícil você se tornar um campeão em qualquer um deles. Já a prática de musculação, por exemplo, é algo complementar, pois a musculação ajuda o atleta a prevenir lesões na prática do tênis. E algo como ioga e artes marciais? Aparentemente não têm nada a ver um com o outro. Se você quer se tornar um campeão de artes marciais, deveria focar somente na luta, correto? Não! Rickson Gracie, considerado um dos maiores lutadores de brazilian jiu-jitsu de todos os tempos, se dedicava ao surf, o que ajudava no equilíbrio e resistência, e praticava ioga, o que ajudava nas capacidades de respiração e concentração.

Como mencionei na introdução deste princípio, é importante não confundir multifoco com multitarefa. Enquanto fazer tarefas ao mesmo tempo (multitarefa) é um conceito que pode dar a impressão de se estar sendo mais produtivo, geralmente o resultado é uma entrega com menor qualidade e que muitas vezes leva ao retrabalho. Já o conceito de multifoco é exponencial, pois uma atividade contribui para a melhoria de outra e, assim sendo, torna a pessoa realmente mais produtiva.

As pessoas
com multifoco
atingem a maestria
em diversas
atividades e por isso
se comprometem
a terminar
o que começam.

CAPÍTULO 3

capítulo 4

Reflexões sobre a arte de agir e de esperar

O ser humano recém-nascido é provavelmente o mais dependente de todos os filhotes das espécies do reino animal. Logo que nascemos somos jogados em um mundo em que, sem ajuda de alguém, em poucas horas perecemos. Portanto, de maneira instintiva, aprendemos que dependemos uns dos outros para a nossa própria sobrevivência. **Por mais que isso seja uma realidade inexorável de nossas vidas, precisamos em algum momento cortar de vez esse cordão umbilical metafórico que nos mantém presos a uma espécie de "espera eterna por um salvador".** Vemos esse fenômeno ocorrer na política, quando milhões de eleitores tendem a buscar aquele candidato que promete resolver *todos* os problemas do país. Nas expectativas de relacionamentos em que acreditamos que a pessoa amada será a grande responsável pela nossa felicidade. No psicólogo, no médico, no time de futebol e assim por diante.

Receber ajuda de alguém é ótimo e nem o mais bem-sucedido empresário do mundo chegou ao topo sem ajuda de alguém, porém não se deve pôr todas as expectativas em outras pessoas ou em algum cenário futuro ideal.

No espectro oposto existem pessoas que nunca esperam ajuda de ninguém e, na ânsia de serem proativas, acabam tomando decisões precipitadas sem ao menos escutar opiniões ou mesmo refletir mais profundamente sobre a situação. Para se atingir um grau de maestria em qualquer atividade também é necessário desenvolver algo que chamo de "a arte de saber esperar". Aprofundaremos nisso, ainda nesse capítulo, no princípio 4, quando exploraremos a história de um engenheiro que solucionou um grande problema em sua empresa simplesmente "não fazendo nada". A reflexão mais importante aqui é que em mais um exemplo paradoxal, as pessoas que navegam no universo das *atitudes extraordinárias* sabem esperar e agir ao mesmo tempo.

PRINCÍPIO 3 - AGIR ANTES DE A AJUDA CHEGAR

> "Faça o que você pode, com o que tem, no lugar onde está."
> Theodore Roosevelt (1858-1919), escritor e ex-presidente dos EUA.

Às 15 horas do dia 13 de outubro de 1972, os integrantes da equipe de rúgbi uruguaia Old Christians não imaginavam que suas vidas estavam prestes a mudar drasticamente. Os jogadores, juntamente com alguns familiares e a tripulação, estavam a bordo de um voo fretado (Voo Força Aérea Uruguaia 571) que seguia em direção ao Chile, onde disputariam uma partida contra uma equipe local, a Old Grangonian. As condições climáticas estavam particularmente desafiadoras e o piloto se esforçava para manter o avião em curso apesar das inúmeras turbulências. Às 15h25 a visibilidade estava crítica pela quantidade de nuvens no céu. Às 15h37, o jogador Gustavo Zerbino, à época com 19 anos, um dos mais novos do grupo, sentia falta de ar, tinha muita dor de cabeça e estava confuso. Estava "inteiro" e aparentemente sem lesões, mas precisava ajudar o amigo, Roberto Canessa, a sair de onde caíra, ficando imobilizado debaixo de dois assentos arrancados inteiros pelo impacto da queda, que os deixou presos entre ferros retorcidos e pontiagudos. Isso mesmo. Zerbino não estava sonhando. Sete minutos antes, precisamente às 15h30, a aeronave havia se chocado com uma montanha depois de despencar no ar por uma coluna de vácuo.

Durante o acidente, instantes antes da colisão, o jovem se livrou quase que inconscientemente do cinto de segurança e ficou de pé no corredor, segurando com toda a força os suportes metálicos que delimitavam os bagageiros para não voarem com o choque. Sentiu o impacto e logo depois o som agudo do vento gelado. Também experimentou a sensação molhada da neve que castigava sua cabeça, as costas e as pernas. Tudo isso ao passo que contava os segundos intermináveis que o avião danificado levava patinando sobre o gelo, até parar abruptamente, esmagando assentos e pessoas contra o compartimento de bagagens. Canessa sentiu o impacto da asa contra as rochas e agarrou a poltrona à sua frente com todas as suas forças. Surgiram em sua mente imagens soltas, impetuosas e confusas, que o encaminharam a uma única conclusão: o avião tinha caído na cordilheira dos Andes. A qualquer momento ele se espatifaria contra a montanha e seria capaz de responder à pergunta mais antiga da humanidade: o que se esconde do outro lado da vida? Porém, ele sobreviveu.

O acidente recebeu grande repercussão internacional, estampando a capa de diversos jornais pelo mundo. Dois livros foram publicados sobre: *Alive: The Story of the Andes Survivors*,[23] escrito por Piers Paul Read, que entrevistou os sobreviventes, e *Miracle in the Andes*,[24] de Nando Parrado. Em 1993 também foi lançado o filme *Vivos*[25] (*Alive*, EUA, 120 min.), com direção de Frank Marshall. A obra é estrelada por

---

[23] READ, P. **Alive**: The Story of the Andes Survivors. Nova York: Avon, 2002.
[24] PARRADO, N. Miracle in the Andes: 72 days on the Mountain and my Long Trek Home. Londres: Orion Books, 2006.
[25] VIVOS. Direção: Frank Marshall. EUA: Paramount Pictures, 1993. VOD (120 min). Disponível em: www.netflix.com.br. Acesso em: 17 mar. 2021.

Ethan Hawke e Josh Hamilton nos papéis de Nando Parrado e Roberto Canessa, respectivamente. Em outubro de 2012, os sobreviventes do ocorrido, que se tornou conhecido como o "Milagre dos Andes", realizaram uma partida de rúgbi contra o time Old Grangonian, jogo que havia sido adiado por quarenta anos. Um dos aspectos que tornou esse acidente mais conhecido ainda foi o fato de que, para não morrerem de fome, os sobreviventes tiveram que comer a carne dos companheiros mortos. Canessa, um dos sobreviventes, afirmou à época que isso foi a maior tristeza de sua vida e que por muitas vezes questionou se valeria a pena sobreviver daquela maneira.

Os 27 passageiros que não morreram com a queda enfrentaram grandes dificuldades para resistir ao congelamento no alto das montanhas. Muitos tinham sofrido ferimentos em resultado do acidente, incluindo costelas, pernas e braços quebrados. Além disso, eles não tinham roupas e muito menos equipamentos adequados para sobreviver naquele ambiente. Os grupos de busca procuraram o avião desaparecido incessantemente; no entanto, uma vez que a aeronave era de cor branca, camuflou-se na neve, tornando-se praticamente invisível. A busca por possíveis sobreviventes foi cancelada após oito dias. Eles já estavam em seu décimo primeiro dia na montanha quando, por meio de um pequeno rádio que não tinha se quebrado com a queda, ouviram uma notícia que salvaria a vida deles... *As buscas por sobreviventes haviam sido oficialmente canceladas.*

Inicialmente, o desespero tomou conta de todos, que começaram a chorar e a rezar. Porém, Gustavo Nicolich, vendo os rostos tristes e angustiados de seus companheiros, gritou: "Essas são boas notícias!".

"Por que diabos essa é uma boa notícia?!" Carlitos Páez gritou, inconformado.

"Porque isso significa que vamos sair daqui *por conta própria*!" bradou Nicolich. A coragem desse rapaz manteve os outros mais tranquilos e foi fundamental para a sobrevivência de todos.

Mas por que estou trazendo essa história em um livro de desenvolvimento profissional? Obviamente existem inúmeras lições que podemos tirar de um acontecimento como esse, mas o ensinamento que quero destacar aqui vem da frase de Nicolich: "vamos sair daqui *por conta própria*". Como mencionei na introdução deste capítulo, em nossas vidas estamos sempre esperando "resgates". Pelos pais, pelos amigos, pelo governo, pelo empregador, pelo cliente ou até por seres imaginários, como naquele mito que aparece nas histórias de princesas (mais presente no inconsciente feminino), o icônico "príncipe no cavalo branco".

==Mas o que acontece se ficarmos esperando? É óbvio que cada situação é única, mas não podemos nos fiar naquele ditado popular que diz que "quem espera sempre alcança".== Nem sempre... O ditado popular seria mais realista se fosse "quem espera quase sempre *aguarda*". Claro que às vezes esperar faz parte de uma estratégia consciente, como veremos no princípio 4, mas o problema é quando ficamos parados, esperando que alguém venha e nos "resgate", eximindo-nos de responsabilidade e atuação na solução dos problemas.

Por isso, Nicolich tinha razão em festejar a notícia que todos tinham acabado de ouvir. Com aquela informação sobre o encerramento das buscas, não havia mais sentido em ficar parado esperando. Se quisessem sobreviver, tinham que *agir*. E foi o que fizeram. Canessa e um dos outros sobreviventes, Nando Parrado, caminharam e escalaram as montanhas por dez dias até encontrarem ajuda. Eles encontraram um pastor de gado chamado Sergio Catalan, que correu para a cidade mais próxima para avisar as autoridades do que havia acontecido. Assim, no dia 22 de dezembro de 1972, dois helicópteros militares resgataram, o que eram, então, dezesseis sobreviventes.

UMA LIGAÇÃO IMPORTANTE

No processo da minha mudança de carreira, uma das estratégias centrais era a ideia de cursar um MBA nos Estados Unidos. Preparei-me ao máximo, estudando inglês, matemática e fazendo tutoriais para o GMAT, um teste padronizado com conteúdo de inglês e matemática que a vasta maioria dos MBAs conceituados utiliza para avaliar candidatos. Fiz as aplicações, as redações que eram pedidas e, em alguns casos, entrevistas por telefone. Depois de ter me inscrito nos processos seletivos dessas universidades e ter feito todos os testes e entrevistas, só me restava esperar, correto? Bem, no meu caso, que não era nenhum supergênio, nem alguém acima da média, se eu tivesse apenas esperado pelos resultados, provavelmente estaria aguardando até hoje.

Quando começaram a vir os resultados negativos das universidades mais difíceis de entrar, como de Stanford, eu não me preocupei tanto, pois já esperava por isso (meu objetivo era conseguir entrar em uma das "*top* 25" dos EUA e Stanford era uma das "*top* 5"). Porém, quando passei a receber outras respostas negativas, fiquei aflito. Eu não tinha recebido a resposta de uma das universidades que mais queria, a Universidade do Sul da Califórnia (USC), que fica em Los Angeles, e decidi que não ficaria "esperando o resgate chegar".

Liguei para a universidade e pedi para falar com o departamento de admissões. Inicialmente, eles me deram aquela "resposta burocrática" de que ainda estavam avaliando a minha candidatura e *blá, blá, blá*. Eu reiterei meu *extremo* interesse em cursar o programa de MBA deles e, como não tinha tido uma entrevista de seleção lá (nem todas as universidades fazem entrevistas), praticamente implorei para que tivesse a chance de ser entrevistado.

Eles atenderam o meu pedido. Uma conversa por telefone foi marcada para alguns dias depois. Preparei-me para essa entrevista como se a minha vida dependesse daquilo (e, de certa forma, dependia mesmo) e o resto é história. Fui aprovado no MBA de Marketing e Finanças da USC e concluí o curso com honras. Durante o programa, até me tornei presidente do diretório estudantil de estudantes internacionais. Até hoje não sei se eventualmente eu seria aprovado sem aquela entrevista ou se realmente a minha ligação fez toda a diferença. Provavelmente nunca terei certeza disso.

Mas o que importava era que o risco de esperar e potencialmente ser rejeitado definitivamente era muito pior do que o risco de ligar para pedir uma entrevista e escutar um não. Portanto, assim como a notícia da interrupção das buscas foi o que impulsionou os sobreviventes do desastre aéreo dos Andes a se arriscarem para buscar ajuda, o conjunto de respostas negativas das universidades foi o que me fez parar de "esperar pelo resgate" e ligar para a USC.

UM MÉTODO PARA AGIR

▶ Foque no caminho (no processo)

Quanto maior o desafio, mais dificuldade temos para enxergar a tarefa completa. Quando nos deparamos com esses grandes obstáculos, ficamos paralisados e esquecemos que, para superar tanto tanto pequenas quanto grandes adversidades, precisamos seguir um processo. No caso dramático dos sobreviventes do desastre aéreo dos Andes, eles cumpriram um método para chegar à salvação. Por exemplo, decidiram que deveriam buscar alternativas para avisar alguém que estavam naquela situação. Com isso, organizaram uma expedição para procurar ajuda (Canessa e Parrada foram os voluntários).

Em minha evolução como violonista, lembro que me deparei com uma obra, *Astúrias*, do pianista e compositor espanhol Isaac Albéniz (1860-1909), que parecia impossível de ser tocada no violão. Logo ficou claro que essa era uma composição sobre a qual eu não conseguiria seguir o mesmo processo de estudo que sempre adotava, pois trazia desafios técnicos superiores a outras peças que eu já tinha tocado. Obviamente, guardando todas as devidas proporções, nesse caso eu também tive que partir para uma espécie de "tudo ou nada". Comecei a estudar a obra, incorporando alguns erros que eram inevitáveis devido a passagens de acordes que exigiam uma abertura de dedos que na época eu não tinha.

No dia do concerto, apresentei a obra mesmo com aqueles pequenos erros que já tinham sido incorporados a minha interpretação e compensei essas pequenas falhas técnicas com muita emoção e profundidade. A reação da plateia foi uma grande salva de palmas. É óbvio que preferiria ter apresentado a peça sem erro algum, mas, se ficasse esperando que ela estivesse perfeita para me apresentar, provavelmente não teria saído do lugar.

▶ Divida o caminho

Além de focar no caminho, precisamos dividi-lo em "subcaminhos" para que consigamos enxergar a linha de chegada desses trechos menores. Os norte-americanos chamam isso de *small wins* (pequenas vitórias).

Por exemplo, se a única métrica de Canessa e Parrada fosse chegar a um povoado, provavelmente teriam desanimado no meio do caminho, pois tiveram que escalar muitos picos da cordilheira dos Andes sem enxergar vilarejo algum, até finalmente terem visualizado seu destino. Mas, aplicando o conceito de *small wins*, eles poderiam comemorar cada passagem por algum pico da cordilheira. Cada obstáculo pelo qual passavam significava que estariam mais próximos do objetivo final. Isso nos ajuda a focar no caminho e a renovar a motivação a cada pequeno trecho completado. Filosoficamente, podemos nos referir a um clássico pensamento atribuído a Lao-Tsé que resume bem esse conceito: "uma longa caminhada começa com o primeiro passo".

▶ **Aplique o conceito de "uma página por dia"**

Esse conceito pode parecer similar ao de subdividir o caminho, mas a diferença é que não pressupõe atingir um ponto específico antes do objetivo final. Aqui o segredo é simplesmente "fazer algo". Quando começo a escrever um novo livro, nem todos os dias tenho ideias inspiradoras para colocar no papel e, se me deixar levar por essa falta de ideias, acabaria não escrevendo nada. Aí é que entra o conceito de "uma página por dia".

Não importa se tenho ou não boas ideias, me comprometo a escrever no mínimo uma página por dia, mesmo que as ideias possam parecer péssimas (e muitas vezes são, realmente). Ou seja, eu me comprometo a *agir*. Mas o que ocorre, na verdade, é algo quase mágico. Quando escrevo essa página (mesmo não sendo algo tão bom), no dia seguinte fica mais fácil escrever a outra página e, muitas vezes, quando estou no *flow*, escrevo várias páginas e volto naquelas que não estavam tão boas para fazer melhorias. Esse conceito não serve apenas para quem escreve livros. Serve para qualquer profissional em qualquer área de atuação. **Se você tem um projeto complexo e que em algum dia não está conseguindo progredir, encontre algo que represente essa "uma página por dia".**

PRINCÍPIO 4 - REDEFINIR O CONCEITO DE PROATIVIDADE

"É melhor pedir perdão do que permissão."
Grace Murray Hopper (1906-1992), almirante norte-americana

Ao longo da história humana, não faltaram guerras e pessoas que se sagrassem "heróis" em meio a batalhas. De certa maneira, Stanislav Petrov (1939-2017), tenente-coronel das Forças de Defesa Aérea da antiga União Soviética, poderia entrar para a galeria dos maiores heróis que o mundo já teve, até porque, se não fosse por ele, talvez nosso mundo sequer existisse atualmente.

Em 26 de setembro de 1983, pouco depois da meia-noite, Petrov começava mais um turno como oficial de serviço em Serpukhov-15, um centro militar secreto próximo a Moscou. Era a partir dali que os soviéticos monitoravam satélites de alerta sobre os Estados Unidos.

A tarefa de Petrov era relativamente simples: verificar os satélites e prontamente informar seus superiores caso um ataque de mísseis nucleares contra a União Soviética tivesse início. Em parte daquela madrugada, como em tantas outras, não houve motivo para alarme. No entanto, para a surpresa de Petrov e seus subordinados, de repente, as sirenes vermelhas em torno do centro de comando começaram a soar e a palavra "lançamento" surgiu em letras vermelhas enormes nas paredes brancas acima dos computadores.

O sistema indicava que um ataque de míssil nuclear dos EUA estava em andamento, com a maior probabilidade possível. Imediatamente, o centro de comando soviético foi tomado pelo pânico. E tendo somente vinte minutos para reagir antes do impacto, Petrov teve que tomar uma decisão rápida.

Apenas três semanas antes, os soviéticos haviam abatido um avião comercial que havia saído de Nova York, nos EUA, com escala no Alasca para abastecimento, e tendo como destino Seul, na Coreia do Sul. Ao entrar por acidente no espaço aéreo da União Soviética, o Boeing 747 foi confundido com um avião espião. Sob as ordens de comandantes militares, caças partiram para interceptar o "invasor", que foi atingido por mísseis. Na queda, todos os 269 passageiros morreram.

A partir dali, as tensões atingiram seu ponto mais alto desde o início da Guerra Fria, e os soviéticos estavam obcecados com o medo de um ataque dos Estados Unidos. Portanto, bastaria um telefonema relatando o ataque aos superiores de Petrov para que o líder soviético, Yuri Andropov, provavelmente puxasse o gatilho em um contra-ataque com armamento nuclear aos EUA.

Petrov afirmaria mais tarde: "Eu tinha todos os dados [que sugeriam haver um ataque de míssil em andamento]. Se tivesse enviado o relatório para meus superiores na cadeia de comando, ninguém teria dito uma palavra contra ele", afirmou o militar à BBC em 2013.

Enquanto as sirenes soavam cada vez mais alto, Petrov instruiu todos os seus subordinados a realizarem mais testes para verificar se o ataque do míssil era real. O tenente-coronel decidiu esperar até que todos os procedimentos estivessem completos. No entanto, alguns minutos depois, outro alarme disparou e os visores no alto piscaram em vermelho com um sinal de ataque de foguete. Desta vez, o sistema de computadores mostrava cinco mísseis nucleares em rápida sucessão em direção à União Soviética. A tensão no centro de comando era insuportável.

Como Petrov observou: "No momento em que o terceiro alarme disparou, comecei a me sentir como se estivesse sentado em uma frigideira quente. Comecei a suar. Eu não conseguia sentir meus pés." Mais de duzentos subordinados de Petrov não tiravam os olhos do superior para ouvir a decisão final.

Mas Petrov *não* reagiu. Em vez disso, optou por adiar sua decisão e reunir ainda mais informações. Faltando apenas alguns minutos para o impacto, Petrov finalmente pegou o telefone e ligou para seus superiores para informá-los que o ataque era um alarme falso causado por um mau funcionamento do sistema.

E ele estava certo. Os satélites soviéticos haviam confundido o reflexo do sol nas nuvens com um ataque de mísseis dos Estados Unidos. Assim, o atraso de Petrov em agir evitou uma potencial retaliação nuclear soviética que certamente desencadearia a temida Terceira Guerra Mundial.

Somente décadas depois do episódio o mundo ocidental soube da história e o papel de Petrov na Guerra Fria. Ele foi apelidado de "o homem que salvou o mundo".

"Em um mundo rápido, pense devagar e aja mais devagar", sugere Mayo Oshin, escritor britânico e criador do site de desenvolvimento pessoal *The Smarter Brain*. Segundo o especialista, um traço comum entre as pessoas de melhor desempenho não é a rapidez com que agem. É *quando* elas agem. E isso muitas vezes está relacionado ao ponto de atraso de tempo ideal, o que ajuda tais pessoas a tomarem decisões melhores do que os outros. Ainda segundo Oshin, se você está constantemente estressado, tem um histórico de cometer erros evitáveis e luta com a gratificação instantânea, então é provável que esteja muito longe de seu atraso ideal e precise procrastinar um pouco mais antes de tomar decisões.

Atrasando nossas ações no dia a dia, defende o autor, podemos recuperar a clareza do que é realmente importante, tomar melhores decisões e alcançar nosso potencial. Isso vale para a maioria das situações: antes de falar, responder e-mails, dizer "sim" e se comprometer, contratar um novo funcionário, criar uma resolução de ano-novo etc.

"Temos a tendência de nos punir por adiarmos as coisas para o último minuto. Mas, na maioria das vezes, vale a pena esperar antes de tomar uma decisão", explica Oshin. A escolha de Stanislav Petrov de adiar sua decisão até o último minuto sem dúvida salvou o mundo da guerra e da destruição. Para o escritor, em nossa vida cotidiana, podemos nos salvar do estresse e de erros graves, que desperdiçam tempo e dinheiro valiosos se simplesmente esperarmos um pouco mais antes de tomar decisões. Ao observarmos a história de Petrov, como ficou claro neste exemplo, percebemos que justamente o fato de ele ter esperado o momento certo para agir se mostrou a ação mais proativa, uma verdadeira *atitude extraordinária*.

Não fazer nada?

Gil era diretor-geral de uma pequena empresa de componentes eletrônicos quando um dos engenheiros-sênior de sua equipe, Ulisses, trouxe para ele um problema sobre a falta de uma matéria-prima que eles precisavam para finalizar certo produto. Assim que começaram a listar todas as opções de como resolver o problema, Gil pediu para o engenheiro adicionar um item à lista: "não fazer nada". Ulisses ficou surpreso, pois, em seu mundo, essa opção não existia. Afinal, ele era pago para resolver problemas.

Todos os dias nós nos deparamos com situações que requerem atenção e, obviamente, nossa tendência natural é ir atrás de resolver essas situações o mais rápido possível. Gil tinha uma hipótese e, por isso, queria averiguar com mais detalhes se faria ou não sentido investir em alguma das soluções que discutiu com Ulisses.

O diretor tinha uma lembrança de que as vendas daquele produto estavam em declínio havia um bom tempo e, portanto, queria confirmar qual era o nível de procura atual por aquele produto. A teoria dele era simples: se o patamar de vendas do produto estivesse em um nível muito baixo, uma das possibilidades para resolver o problema poderia perfeitamente ser "não fazer nada".

Os números vieram, mas não era possível dizer efetivamente se o patamar de vendas estava baixo o suficiente para fazer sentido deixar o produto "morrer". Porém, ainda existia estoque suficiente para alguns meses. Portanto, a decisão final que Gil tomou foi não fazer nada *por enquanto*. Eles acompanhariam a curva de vendas por mais um ou dois meses e, conforme fosse a tendência, voltariam a avaliar uma das alternativas de resolver o problema com algum investimento.

Se tivessem decidido atuar imediatamente em algumas das soluções para o problema, poderiam ter feito investimentos que não valeriam a pena, pois o retorno seria negativo. Imagine se Ulisses tivesse sido *proativo* e já tivesse decidido por uma das soluções sem antes fazer essa pausa para analisar a situação por outro ângulo. Quando conversasse com o diretor para lhe dizer como já tinha sido eficiente em resolver o problema, na verdade, aprenderia que poderia ter criado outro problema em vez de solucioná-lo.

Na verdade, Gil foi *proativo* quando decidiu não fazer nada; porém, seguindo o senso comum, a maioria das pessoas pensaria que Gil, por não ter feito nada, não foi proativo.

Outras histórias mostram que às vezes esperar, ou talvez um verbo muito mais temido e marginalizado – procrastinar –, produz trabalhos excepcionais. Como é o caso do arquiteto norte-americano Frank Lloyd Wright (1867-1959), que desenhou sua mais estimada obra-prima, a *Fallingwater*, em apenas duas horas, impulsionado pelo fato de que seu cliente o visitaria dali a poucas horas para checar o progresso de sua encomenda.

Ou o caso da autora canadense Margaret Atwood, que afirma que passava a manhã inteira procrastinando e se preocupando. A certa altura do dia, já não aguentando mais aquela ansiedade, mergulhava em seus manuscritos e produzia obras fantásticas. Indo além, o escritor norte-americano Herman Melville (1819-1891) tinha um caso de procrastinação tão severo que pedia para a sua esposa que o amarrasse à escrivaninha para que conseguisse terminar de escrever nada mais, nada menos do que a obra *Moby Dick*.

As passagens descritas anteriormente têm em comum a desconstrução da visão comum de que esperar e, pior ainda, procrastinar seja péssimo. Como eu já havia alertado, esse princípio pode parecer incoerente com o princípio 3, que propõe que as pessoas extraordinárias "agem antes de a ajuda chegar", porém, não é. O princípio 3 aborda o problema com a tendência de estarmos sempre esperando um "salvador da pátria". Este novo princípio aborda a importância de saber que, às vezes, é necessário esperar para poder agir no momento certo.

A grande diferença é que neste princípio não estamos esperando algo ou alguém nos salvar, mas simplesmente analisando a questão de maneira mais estratégica para decidir quando agir.

Eu quis trazer esta reflexão porque no mundo corporativo em que vivemos existe muita pressão para sermos ativos, proativos, rápidos, decisivos e assim por diante. Obviamente que vivemos em um mundo "líquido",[26] com enorme fluidez, em que rapidez é importante e o senso comum nos diz que ser proativo no mundo corporativo é fundamental para o sucesso. Porém, como tenho demonstrado ao longo deste livro, aqueles que realmente se destacam, aquelas pessoas que entendem o poder das *atitudes extraordinárias*, entendem que saber esperar é, em algumas situações, a verdadeira proatividade. Agora, a grande pergunta é: "como saber quando ser proativo e quando esperar?".

Antes de nos aprofundarmos nessa questão e defender a espera ou procrastinação como algo que pode ser benéfico, vamos começar com uma definição da palavra. Na maioria dos dicionários, encontraremos entradas similares a: "adiar ou deixar alguma coisa para depois", ou seja, a definição em si não é positiva ou negativa. Posso dizer que "procrastinei" (adiei) minha ida ao barbeiro porque tinha uma viagem importante de negócios. Nesse caso, a *procrastinação* foi algo circunstancial e que pode ter gerado um efeito positivo, já que a viagem poderia fechar um negócio importante, enquanto a ida ao barbeiro poderia ser feita em outro dia qualquer.

Naturalmente, as pessoas associam a procrastinação à "enrolação". Digamos que quando aquela pessoa que viajou a negócios, após ter

---

26 Com mais de cinquenta livros escritos, o filósofo polonês Zygmunt Bauman (1925-
-2017) desenvolveu o conceito de "modernidade líquida", em que, segundo suas
próprias palavras, na sociedade atual "a mudança é a única coisa permanente e
a incerteza, a única certeza". A teoria de Bauman também focava nas conexões
pessoais em tempos que levam o indivíduo a associações menos duradouras.
Como ele dizia: "hoje os relacionamentos escorrem por entre os dedos".
MENEZES, T. Zygmunt Bauman: pensamentos profundos num mundo líquido.
Superinteressante. 30 out. 2019. Disponível em: https://super.abril.com.br/cultura/
zygmunt-bauman-pensamentos-profundos-num-mundo-liquido/. Acesso em:
mar. 2021.

retornado, arrume alguma desculpa para não ir ao barbeiro, outra, e mais outra... Aí, sim, ficaria caracterizado o cenário normalmente associado à negatividade da procrastinação. Mas as pessoas que entendem o poder das atitudes extraordinárias não se deixam levar pelos paradigmas existentes de que procrastinação é algo inerentemente ruim. E, indo além, conseguem tirar proveito desse tipo de situação.

UM MÉTODO PARA TIRAR VANTAGEM DE "MOMENTOS DE PROCRASTINAÇÃO"

▶ Aumente sua criatividade

O professor da Universidade da Pensilvânia Adam Grant defende que nossas primeiras ideias são normalmente as mais convencionais e, se esperarmos que "descansem", conseguiremos criar outras muito mais originais. Seu livro *Originals: How Non-Conformists Move the World*,[27] reúne pesquisas e exemplos que apoiam a teoria de que a procrastinação realmente ajuda a aumentar a criatividade. Grant, que originalmente acreditava em terminar todas as suas tarefas o mais rápido possível, inspirou-se na tese de dissertação de uma de suas estudantes, Jihae Shin. Em seu estudo, Shin, que atualmente é professora na Universidade de Wisconsin, pesquisou funcionários de empresas em relação ao nível de procrastinação *versus* o nível de criatividade. Seu trabalho concluiu que os empregados procrastinadores eram frequentemente os mais criativos.

Baseado na minha própria experiência, concordo plenamente com Grant que temos a tendência de ter ideias mais básicas inicialmente. No livro *A estratégia do olho de tigre*, apresento o exercício das "20 soluções", que justamente serve para vencer nossa tendência de parar nas

---

[27] GRANT, A. Originals: How Non-Conformists Move the World. Nova York, Penguin Books, 2016.

ideias mais básicas. Resumidamente, o exercício consiste em buscar vinte soluções para um problema existente. Você notará que as primeiras ideias vêm com certa facilidade, mas para chegar em vinte ideias, é necessário não somente mais esforço, mas também mais tempo... às vezes muito mais tempo. O exercício nos provoca a pensar em ideias que podem parecer, a princípio, malucas para conseguirmos chegar nas vinte soluções, mas é aí que começamos a sair do lugar-comum mergulhando no universo das *atitudes extraordinárias*.

NÃO EXPANDA SUAS TAREFAS

Descrita pelo escritor britânico Cyril Northcote Parkinson (1909-1993) em um ensaio publicado na revista *The Economist* de 1955, a "lei de Parkinson" diz que o trabalho se expande de modo a preencher o tempo disponível para sua realização. Embora a lei de Parkinson não seja considerada científica, inúmeros estudos foram conduzidos para analisar esse conceito e os resultados comprovaram a tese de Parkinson.

Pesquisadores da Universidade de Berkeley comprovaram que se alocarmos trinta minutos para alguém completar uma tarefa, a pessoa provavelmente terminará a tarefa em trinta minutos. No entanto, se alocarmos apenas quinze minutos para a mesma tarefa, essas mesmas pessoas completarão a tarefa em quinze minutos. A tendência normal, com a diminuição de tempo, é diminuir a qualidade da entrega, correto?

Obviamente que analisando a situação por um ângulo comum, a tendência é essa mesmo, mas usando o conceito das *atitudes extraordinárias*, como já vimos anteriormente neste livro, nem sempre é necessário comprometer a qualidade aumentando a velocidade da entrega. O que precisará ser feito é rever as métricas que serão avaliadas. Indo além, em alguns cenários, quando temos tempo sobrando, começamos a revisar certas tarefas e questionar se as fizemos da maneira correta. Com isso, às vezes alteramos algo que estava funcionando perfeitamente bem simplesmente porque começamos a expandir tarefas em função do tempo existente.

▶ Coloque o tempo a seu favor

Em um dia muito quente, após uma longa caminhada, Buda e seus discípulos se sentaram próximos a um lago. Buda disse a seu discípulo mais jovem, conhecido por sua natureza impaciente:

— Tenho sede. Você pode me trazer um pouco de água daquele lago?

O rapaz foi até o lago, mas, quando chegou, viu que, naquele momento, um carro de boi passava pelo local. Como resultado, a água ficou muito turva. O discípulo pensou: "Não posso dar ao mestre essa água barrenta para beber". Então ele voltou e disse a Buda:

— A água no lago é muito lamacenta. Eu não acho que podemos beber.

Depois de meia hora, Buda pediu ao mesmo discípulo para ir ao lago e trazer água para beber. O jovem obedeceu. No entanto, para seu espanto, ele descobriu que a água ainda estava suja. Ao retornar, ele disse a Buda, desta vez com um tom conclusivo:

— A água daquele lago não pode ser bebida, é melhor caminharmos até a vila para que os aldeões possam nos dar uma bebida.

Buda não respondeu, tampouco se mexeu. Após um tempo, o mestre mais uma vez pediu ao discípulo que retornasse ao lago e lhe trouxesse água. Mesmo contrariado, o rapaz foi até o lago porque não queria desafiar seu mestre, mas, por dentro, ficou furioso por novamente ter sido enviado para o lago quando Buda já sabia que a água barrenta não poderia ser bebida.

No entanto, desta vez, quando o discípulo chegou ao lago, viu que a água estava cristalina. Então ele pegou um pouco e levou para o mestre. Buda olhou para a água e então disse ao seu discípulo:

— O que você fez para limpar a água?

O discípulo não entendeu a pergunta, pois era evidente que ele não havia feito nada. Buda então explicou:

— Espere e deixe a lama assentar. Então ela se decanta sozinha e você tem água limpa. Sua mente é assim também! Dê-lhe algum tempo. Não seja impaciente e você encontrará o equilíbrio por si só.

O professor da Universidade de San Diego Frank Partnoy não acredita que podemos confiar em decisões instantâneas. Ele acredita que a procrastinação (na verdade, prefere usar o termo "gerenciamento do atraso") pode nos ajudar a tomar melhores decisões. Em seu livro *Wait: The Art and Science of Delay*,[28] Partnoy afirma: "Em geral, deveríamos esperar até o último momento possível para tomar uma decisão". Fazendo isso, o professor defende que teremos conseguido reunir o máximo de informações possíveis e analisar todos os prováveis cenários que possam resultar de nossas decisões.

Não é fácil esperar para tomar decisões. Confesso que eu mesmo tenho a tendência de decidir rapidamente a respeito de qualquer situação. Se você tem essa mesma característica, o que recomendo é que tome a sua decisão, porém não faça nada até o momento final em que precisa agir, ou seja, até o *deadline* que possui. Dessa maneira, você resolve a questão da ansiedade, mas tem a possibilidade de mudar de opinião caso consiga mais informações relevantes. Às vezes, aparecerão informações que você não tinha antes e que realmente mudarão completamente a sua perspectiva. Isso já aconteceu diversas vezes comigo.

▶ **Deixe a correnteza lhe levar**

Mais uma vez, se você for como eu, pensar em *não* agir em qualquer situação é quase que sufocante, mas a verdade é que em muitas

---
[28] PARTNOY, F. **Wait**: The Art and Science of Delay. Londres: Profile Books, 2012.

situações da vida não podemos ou não devemos agir. Vimos um exemplo claro disso na história de Gil. Talvez você ainda pense que esse exemplo seja uma exceção muito distante da sua realidade, por isso, pensei em trazer aqui um exemplo que pode literalmente salvar a sua vida.

Se algum dia você estiver se banhando no mar e, sem perceber, se encontrar em uma situação em que não esteja conseguindo nadar de volta para a praia ou mesmo para uma parte mais rasa que lhe dê pé (o que acontece com mais frequência do que você imagina), não continue nadando contra a correnteza que lhe está puxando para dentro da água. Caso a correnteza esteja forte e você não consiga sair do lugar nadando (ou mesmo remando, se estiver com uma prancha de surfe), os salva-vidas e surfistas experientes são unânimes em dizer que o melhor a fazer é boiar e deixar a corrente te levar até outra praia, onde poderá sair.

No mundo dos negócios existem situações em que podemos estar sendo "puxados por uma correnteza mais forte do que nós", portanto, nesses casos também vale a pena avaliar se não devemos seguir o conselho dos salva-vidas e boiar, deixando a correnteza nos levar até outra praia.

Concluindo este capítulo, tentando responder a grande pergunta: "como saber quando ser proativo e quando esperar?", decidi que nada melhor do que começar o seu treinamento de "quando esperar o momento certo de agir ou de esperar" fazendo isso na prática. Portanto, peço que vença a tentação de buscar essa resposta, que aparece no final do livro, e siga lendo o texto normalmente.

Confesso que eu mesmo tenho a tendência de decidir rapidamente a respeito de qualquer situação. Se você tem essa mesma característica, o que recomendo é que tome a sua decisão, porém, não faça nada até o momento final em que precisa agir, ou seja, até o *deadline* que possui.

capítulo 5

Aplicando o conceito de paradoxos no mundo da gestão

Em geral, existem conceitos aceitos por todos, um deles é que duas ideias aparentemente opostas não conseguem coexistir. Por exemplo, se quisermos fabricar um produto de alta qualidade, o custo será alto em relação a um produto de baixa qualidade. Em outras palavras, alta qualidade e baixo custo são ideias e, nesse caso, características incompatíveis.

Se quisermos ter um físico atlético, temos que comer menos alimentos gordurosos. Ou seja, comer alimentos gordurosos e manter um físico atlético são duas atividades incompatíveis. E assim por diante. Isso faz total sentido. Qualquer pessoa de bom senso concordaria com essas informações. Sim, qualquer pessoa que não vivencia o conceito das *atitudes extraordinárias,* pois estas sabem que, como vimos no capítulo 2, sobre paradoxos, conceitos aparentemente opostos podem coexistir perfeitamente.

Mas e nas questões mais cotidianas tangíveis que enfrentamos em nossas vidas, que não envolvem gatos "mortos-vivos", cretenses mentirosos ou mesmo poesias? Seria possível aplicar esses conceitos na gestão de empresas ou simplesmente no nosso dia a dia de maneira mais palpável?

No livro *Feitas para durar: práticas bem-sucedidas de empresas visionárias,*[29] os professores Jim Collins e Jerry Porras descrevem um

---

29 COLLINS, J.; PORRAS, J. **Feitas para durar**: práticas bem-sucedidas de empresas visionárias. Rio de Janeiro: Alta Books, 2020.

fenômeno que chamam de "tirania do ou". Em essência, é o oposto de um paradoxo. Ou seja, a incapacidade de manter duas ideias aparentemente opostas na mente ao mesmo tempo. Por exemplo, as empresas muitas vezes erroneamente acreditam que devem escolher entre forças opostas, como lucro de longo prazo *versus* crescimento das receitas a curto prazo, ou preocupação com os funcionários *versus* preocupação com os acionistas. Empresas bem-sucedidas, de acordo com Collins e Porras, são capazes de aderir a ambos os lados de uma determinada questão e, portanto, evitar a "tirania do ou".

PRINCÍPIO 5 - USAR "E" EM VEZ DE "OU"

> "O teste de uma inteligência de primeira ordem é a capacidade de manter duas ideias opostas na mente ao mesmo tempo e ainda manter a capacidade de funcionar."
>
> F. Scott Fitzgerald (1896-1940), escritor norte-americano.

Na década de 1980, os apreciadores de artes marciais puderam observar a ascensão global da versão brasileira do jiu-jitsu, o chamado BJJ (*brazilian jiu-jitsu*), ganhando grande repercussão no começo dos anos 1990. Os campeonatos chamados de "vale-tudo" se tornavam cada vez mais populares. Apesar do nome, não é que tudo era permitido e que não havia regras. Existiam regras claras (bem, às vezes, nem tanto...), porém, a grande diferença em relação aos demais torneios do gênero é que os competidores poderiam usar uma mistura de qualquer arte marcial.

Com isso, era comum ver judocas lutando contra boxeadores, faixas pretas de karatê lutando contra atletas de luta greco-romana e diversos competidores que usavam uma verdadeira combinação de lutas. Além disso, não havia categoria de peso, então era comum ver gigantes de 120 quilos (alguns eram verdadeiras montanhas de músculos) disputando com lutadores muito menores e mais leves do que eles.

Nesse contexto, Rorion Gracie, o filho mais velho de Hélio Gracie (1913-2009), o lendário precursor do *brazilian jiu-jitsu*, ele próprio um exímio lutador de jiu-jitsu, teve uma grande ideia. À época, nem imaginava, mas sua iniciativa justamente desafiava a "tirania do ou". Ele pensou o seguinte: mostraria para o mundo que era possível desafiar a noção estabelecida – o senso comum – de que para ser campeão de um desafio de lutas tão competitivo como o vale-tudo, o competidor precisava ter um biótipo avantajado. Ele queria mostrar para o mundo que, por meio do BJJ, era possível ser campeão mundial de vale-tudo mesmo com um físico não avantajado e até mesmo um pouco mais franzino do que a média dos lutadores.

Assim sendo, em 1993, Rorion criou o que acabou se tornando o mais famoso campeonato de vale-tudo de todos os tempos, o UFC (*Ultimate Fighting Championship*). Para se ter ideia das proporções que a competição tomou, basta tomar conhecimento de alguns números. Rorion vendeu a marca em 2001 por uma quantia estimada em 4 milhões de dólares, o que foi um enorme feito para a época e, nas mãos de grandes empresários do ramo, o UFC cresceu de maneira exponencial, tendo atingido valor de mercado de aproximadamente 4 bilhões de dólares em 2016.[30]

Para demonstrar o que queria alcançar, Rorion elegeu como representante do BJJ um dos seus irmãos mais novos, Royce Gracie, que à época tinha 28 anos. Royce não era uma montanha de músculos. Tinha apenas 78 kg distribuídos em 1,83 m.

---

[30] UFC é vendido a grupo chinês por US$ 4 bilhões. **Veja**, 11 jul. 2016. Disponível em: https://veja.abril.com.br/esporte/ufc-e-vendido-a-grupo-chines-por-us-4-bilhoes/. Acesso em: mar. 2021.

Na luta inaugural do evento, o *kickboxer* holandês Gerard Gordeau, um gigante de 1,96 m e 100 kg, nocauteou o também gigante do sumô Teila Tuli, que, ao receber um chute no rosto enquanto se escorava nas grades do octógono (como é chamado o ringue no UFC), teve um de seus dentes literalmente jogado para a plateia. Em um combate tão brutal assim, será que Royce, com seus apenas 78 kg, teria alguma chance?

Para vencer o torneio, Royce precisaria derrotar três lutadores. O primeiro deles, o boxeador Art Jimmerson, até hoje está tentando entender o que aconteceu naquela luta. Royce o imobilizou rapidamente e Art, desesperado, bateu com a mão três vezes no chão, indicando que reconhecia sua derrota. Royce venceu a luta pelo que se chama de submissão.

Na sequência, o brasileiro enfrentaria o norte-americano Ken Shamrock, um competidor extremamente difícil. Muito mais forte e pesado do que Royce, Shamrock parecia um fisiculturista e ainda carregava a experiência de duelos no evento japonês chamado Pancrase. Portanto, sabia lutar tanto em pé quanto no chão (no BJJ, o lutador sempre tenta levar seu oponente ao solo, onde tem mais vantagem, dado o estilo da arte marcial). Mas mesmo o poderoso Shamrock não resistiu à habilidade do integrante da família Gracie e também perdeu a luta por submissão.

Para vencer o torneio, Royce teria que enfrentar o lutador "destruidor de dentes", nada mais, nada menos do que Gerard Gordeau, aquele *kickboxer* que havia nocauteado Teila Tuli. Royce não se intimidou com a possibilidade de ter que procurar um dentista após a luta. Em menos de dois minutos, Royce enforcou Gordeau e, mais uma vez, venceu a luta por submissão. Com isso, o brasileiro se tornou o campeão do primeiro torneio do UFC.

Royce seguiu ganhando lutas e mais lutas nas edições seguintes do UFC. Em 2004, em uma luta emblemática, no estilo Davi *versus* Golias,

Royce enfrentou o lutador de sumô Tare Akebono, que pesava 220 kg, quase o triplo do peso de Royce. Após poucos segundos de combate, Akebono pulou em cima do representante do clã Gracie e, estando no chão por cima de Royce, colocou todo seu peso em cima do lutador.

A maioria das pessoas que assistiam a luta deve ter pensado que era o fim de Royce. Já imaginou ter um lutador de 220 quilos sobre o seu corpo? Mas o que aprendemos anteriormente com os verdadeiros insights sobre a história de Davi e Golias? Na realidade, o gigante do sumô não tinha a menor chance contra o franzino Royce. Akebono só sabia empurrar lutadores pesados como ele em um ringue de sumô.

Portanto, não tinha consciência de que, uma vez no chão, o lutador de BJJ facilmente o dominaria, independentemente do seu tamanho. Pelo contrário, seu peso era uma desvantagem no chão, pela dificuldade de locomoção. Como Davi, Royce tinha uma "funda" e era um exímio atirador. Da mesma maneira que o gigante Golias não teve ideia do que o atingiu, o gigante japonês também não compreendeu como Royce, utilizando o próprio peso do adversário a seu favor, em pouco mais de dois minutos, aplicou uma chave de braço indefensável e venceu mais uma luta por submissão.

POBRE E RICO

José era um jovem esguio de 19 anos que havia saído do nordeste, mais precisamente de Aracaju, para tentar a vida em São Paulo. Chegando à cidade grande, conseguiu alguns bicos como servente de pedreiro e ajudante de cozinha em restaurantes, mas nenhum trabalho fixo por um bom tempo. José tinha parado de estudar no quarto ano do primeiro grau para poder contribuir com a renda da família. Sua baixa escolaridade não ajudava na busca por um trabalho mais estável. Porém, ele era um jovem muito determinado e seu objetivo naquele momento era ter um trabalho fixo. Portanto, nada o faria desistir.

Depois de receber muitos "nãos", finalmente apareceu sua chance de trabalhar como manobrista em um pequeno estacionamento no centro de São Paulo. José era o primeiro a chegar e o último a sair todos os dias. Depois de algum tempo, conhecia tudo do funcionamento do estacionamento. Seus colegas, muitas vezes, brincavam com ele dizendo que do jeito que ele se importava com o trabalho, mais parecia o dono do estacionamento do que um manobrista.

Porém sempre completavam a gozação dizendo que independentemente de quanto ele soubesse daquela operação, sempre continuaria ganhando um salário-mínimo de manobrista. José sorria como se estivesse guardando um segredo que seus colegas não sabiam. Certa vez, até surgiu um boato de que ele seria um filho bastardo do dono do estacionamento e, por isso se dedicava tanto, pensando que um dia o estacionamento seria dele. Mas logo ficou claro que isso não passava de um boato. Além disso, o dono tinha três filhos que já estavam envolvidos na operação.

Os clientes adoravam José. Ele era muito cortês e educado, mas jamais "cruzava a linha", tentando se fazer de amigo dos clientes. Tinha muita habilidade de perceber o humor das pessoas e reagia de acordo com isso. Se a pessoa estava alegre e falante, José arriscava algumas interações com o cliente. Se estivesse séria ou carrancuda, não falava nada. Se parecesse triste ou angustiada, não falava nada inicialmente, mas sempre se despedia com uma frase carinhosa do tipo: "tenha um excelente dia!", "muito obrigado por ter estacionado o carro conosco" e assim por diante.

Conheci José em uma reunião do conselho de uma empresa imobiliária que estava vendendo um estacionamento no centro de São Paulo. Estávamos esperando para conhecer o possível comprador, que, na cabeça de todos os membros do conselho, deveria ser um homem grisalho, vestido de terno e gravata. José apareceu vestindo calças jeans, de tênis e com uma camiseta colorida. Muito simpático, foi cumprimentando um por um.

Confesso que notei certo desconforto de alguns dos membros do conselho. Não posso afirmar por certo, mas via em suas expressões e em seus gestos (olhando para o relógio ou conferindo o celular) que pensavam que aquela conversa com José seria uma perda de tempo. José, que deveria ter uns 40 anos, começou a contar por que ele compraria o estacionamento e como duplicaria o faturamento dele em pouco tempo. Inclusive, tirou a preocupação de todos, dizendo que o pagamento seria à vista.

Bastou José conversar com todos por quinze minutos e já era possível notar as expressões se transformando. Ninguém mais conferia o relógio e, agora, todos os olhos estavam grudados nele, que contava como havia comprado dezenas de outros estacionamentos e como havia maximizado o valor de todos os locais. Ele falava de cifras astronômicas. Seria um contador de histórias sem fundamento? Não! Tudo o que José nos havia dito na reunião foi comprovado por inúmeros documentos e pela métrica mais importante: ele comprou o estacionamento e pagou à vista, como havia prometido.

A história de José me intrigou e, quando fui conversar com ele, para entender um pouco mais da sua vida, fiquei ainda mais fascinado. Perguntei a ele de maneira direta como um rapaz pobre que havia vindo do nordeste, com pouca instrução, se tornara um empresário tão rico em tão pouco tempo.

Ele me disse: "Renato, no dia que entrei para trabalhar como manobrista naquele estacionamento, há uns vinte anos, me tornei imediatamente rico. No primeiro dia já tratei aquele estacionamento como se fosse meu. E veja que, para quem estava dormindo de favor em casa de parentes e sem um tostão furado no bolso, um salário-mínimo garantido todo mês era realmente uma fortuna. Alguns anos depois, assumi a operação do estacionamento e, fazendo o faturamento triplicar, me tornei sócio da empresa. Eu só estava fazendo o que havia aprendido como manobrista e funcionou. E fiz isso dezenas de vezes em outros estacionamentos. Ou seja, eu já era rico há vinte anos quando comecei, só não tinha o dinheiro na minha conta!". E foi assim que ele me explicou sua história, terminando de contá-la com uma grande risada.

A história de José, além de inspiradora, mostra a importância do *mindset* do "e". Enquanto seus colegas estavam presos na "tirania do ou": "*ou* manobrista, *ou* dono do estacionamento", José ia além. Usando sua *visão extraordinária*, ele enxergava: "manobrista *e* dono do estacionamento"!

UM MÉTODO PARA SE LIVRAR DA "TIRANIA DO OU"

▸ Crie a "matriz do e"

Escolha dois conceitos opostos que você esteja tentando conciliar. Por exemplo, digamos que você quer pensar em como criar um novo chocolate para a sua empresa que seja de alta qualidade, porém muito mais barato dos que os chocolates *premium* que existem no mercado. O exercício consiste em criar uma matriz que contenha as vantagens e desvantagens de cada variável. No nosso exemplo do chocolate, as variáveis são "alta qualidade" e "preço baixo". Você pode estar pensando que alta qualidade só possui vantagens, mas não é bem assim. Acompanhe a matriz a seguir para entender melhor o conceito.

	ALTA QUALIDADE	PREÇO BAIXO
VANTAGENS	▷ Margens mais altas; ▷ Fideliza o cliente; ▷ Diminui a competição; ▷ Gera senso de orgulho nos funcionários e clientes.	▷ Maior abrangência de *target market*; ▷ Público menos exigente; ▷ Volume ajuda a divulgar o produto ou serviço; ▷ Menor pressão por altos investimentos no produto ou serviço.
DESVANTAGENS	▷ Maiores investimentos iniciais; ▷ Maior custo de manutenção; ▷ Público mais exigente; ▷ Menor abrangência do *target market* que, efetivamente, consegue diferenciar a qualidade do produto ou serviço.	▷ Margens mais baixas; ▷ Menor fidelidade ao produto; ▷ Necessidade de vendas em grande volume para se tornar rentável; ▷ Mais competição.

Perceba que, como aparece na matriz, também existem desvantagens em adotar uma estratégia de criação de produtos ou serviços de alta qualidade. Tendo feito essa análise, agora a tarefa é encontrar pontos em que se consiga harmonizar as duas variáveis, que, a princípio, são incongruentes. **O *mindset* correto para se encontrar oportunidades de "e" é entender que todas as variáveis são *relativas*.**

Usando o exemplo do chocolate, o que pode ser considerado alta qualidade para um tipo de consumidor, como a intensidade e a origem do cacau, para outro pode ser irrelevante. Um tipo de consumidor pode achar que um chocolate mais doce significa "da mais alta qualidade"; outro, que a embalagem "bonita" é o que importa, e assim por diante. O segredo aqui é encontrar o ponto ideal entre o preço relativamente mais baixo em relação aos outros chocolates *premium* e a qualidade relativamente mais alta em relação aos chocolates mais baratos.

▶ Não tente ser perfeccionista

"Feito é melhor que perfeito!". Essa frase, que pode parecer infantil, resume bem esse conceito. A busca pela excelência, que devemos sempre almejar, não significa "perfeccionismo". Se você tem mais de 35 anos, vai se lembrar de que na primeira vez que tentou entrar na internet, a conexão era péssima em comparação ao que temos hoje. Mas, para o momento, era simplesmente fantástica! Se os precursores da internet tivessem esperado a conexão de banda larga ser desenvolvida para lançarem seus serviços, teríamos que ter esperado alguns anos a mais para poder acessar a rede.

Um grande erro de muitos empreendedores é justamente esperar terem um produto ou serviço quase perfeito para irem ao mercado. Em geral, esses empreendedores perdem o *timing* e a oportunidade passa. Por isso, no mundo das *startups* se usa o conceito do *Minimum Viable Product* (MVP, algo como produto minimamente viável), que significa que o empreendedor irá colocar no mercado o produto/serviço que tenha as mínimas condições de ser usado. Na maioria das vezes, esse produto/serviço ainda está distante de uma versão realmente excelente, mas esse é justamente o processo para a busca da excelência.

▶ Aprenda a enxergar os tons de cinza

Voltando ao conceito da relatividade que apresentei na "matriz do e", precisamos lutar contra a nossa tendência natural de reduzir o mundo de maneira binária, ou seja, "bom ou ruim", "alto ou baixo", "legal ou chato" e assim por diante. No livro *O instinto do sucesso*,[31] eu apresento

---

[31] GRINBERG, R. **O instinto do sucesso**: transforme seus impulsos primitivos em poderosos aliados na sua carreira e nos negócios. São Paulo: Gente, 2013.

conceitos que explicam o porquê de termos essa tendência de enxergar o mundo em preto ou branco.

Na época das cavernas, tínhamos que tomar decisões instantâneas, por exemplo, se aquele animal que se mexia em um arbusto à nossa frente, era o nosso jantar ou se nós éramos o jantar dele. Nesse contexto, uma simples reflexão como "talvez esse animal possa não ser tão feroz" significava nossa morte se estivéssemos equivocados. Portanto, tínhamos que instintivamente colocar tudo em termos muito simples: claro ou escuro, molhado ou seco, bom ou ruim. Nada de graus intermediários... Bem, o mundo evoluiu muito desde que saímos das cavernas, mas nossos instintos continuam os mesmos, por isso precisamos usar o neocórtex frontal (a parte racional do cérebro) para vencer essa tendência e conseguir relativizar os desafios que enfrentamos.

Para lidar com essa tendência natural que, muitas vezes, pode nos prejudicar, cada vez que tiver certeza de algo, simplesmente considere estar sendo "enganado" por seus instintos mais primitivos e considere também que aquela informação possa ser relativizada. Essa técnica não somente lhe ajudará no mundo profissional, mas também no mundo pessoal, já que em muitas situações você conseguirá enxergar os mesmos tons de cinza que a outra pessoa pode estar enxergando, evitando assim inúmeras discussões infrutíferas.

▶ Busque uma terceira alternativa

No livro *A terceira alternativa*,[32] Stephen Covey, um dos precursores da disciplina de desenvolvimento profissional, apresenta um conceito muito interessante sobre decisões. Quando estamos debatendo entre duas alternativas, devemos considerar uma terceira alternativa que não tenha nada a ver com aquelas duas, mas que pode resolver a situação.

---

32 COVEY, S. **A terceira alternativa**: resolvendo os problemas mais difíceis da vida. Rio de Janeiro: BestSeller, 2015.

Usando a nossa busca do chocolate "bom e barato" para aumentarmos nosso *market share*, poderíamos, por exemplo, estar debatendo entre mudar a quantidade de cacau no produto ou acrescentar algum outro ingrediente. No conceito da terceira alternativa, pensaríamos em algo que sairia desse espectro. Por exemplo, em vez de pensar nas opções entre alterar a quantidade de cacau ou acrescentar outro ingrediente, poderíamos pensar em adicionar um brinde ao produto. Essa alternativa poderia nos ajudar a vencer os competidores na busca por *market share* (que, nesse caso, era o nosso objetivo principal), mantendo o mesmo chocolate que estávamos acostumados a vender. Ou seja, pensando em uma "terceira alternativa" que, conceitualmente, não tinha nada a ver com as duas outras.

A busca pela excelência, que devemos sempre almejar, não significa "perfeccionismo".

CAPÍTULO 5

capítulo 6

Ouvindo no silêncio e enxergando no escuro

Você já deve ter percebido que este livro é permeado de paradoxos, que, como vimos no capítulo 2, são a pedra fundamental das *atitudes extraordinárias*. Neste capítulo, também usarei paradoxos, porém acrescentando o poder das metáforas, já que somente por meio dessa figura de linguagem é que se pode compreender o conceito de *ouvir* no silêncio e *enxergar* no escuro.

Em um trecho do livro *Sete vezes Rubem*,[33] o autor Rubem Alves (1933-2014) escreve: "Há escolas que são gaiolas e há escolas que são asas. Escolas que são gaiolas existem para que os pássaros desaprendam a arte do voo. Pássaros engaiolados são pássaros sob controle.".

Nesse texto, Alves utiliza uma perfeita aplicação de metáfora para fazer uma crítica às escolas que não incentivam a liberdade e a diversidade de pensamento entre seus alunos. Esse trecho da obra de Rubem Alves tem tudo a ver com o tema central deste livro em que queremos sair das *gaiolas* de paradigmas para embarcar nas *asas* das *atitudes extraordinárias*.

---

[33] ALVES, R. **Sete vezes Rubem**. Campinas: Papirus, 2012.

PRINCÍPIO 6 – PRESTAR ATENÇÃO AO QUE AS PESSOAS NÃO FALAM

> "Escutar é estar presente, não apenas estar quieto."
>
> Krista Tippett, jornalista norte-americana

Provavelmente, na sua infância, você deve ter brincado, ou pelo menos tenha visto alguma criança brincar, com LEGO, aqueles tijolinhos coloridos de plástico que se encaixam para formar castelos, casas, pontes etc. A origem da empresa está ligada a um homem chamado Ole Kirk Christiansen (1891-1958), que, na Dinamarca, em meados de 1916, adquiriu uma loja de artigos de madeira. Aos trancos e barrancos, a empresa quase decretou falência em 1932, mas após estímulo do governo local, Ole Kirk decidiu tomar outro rumo em sua produção: brinquedos! Conta a história que dois anos após essa virada, a companhia já contava com seis funcionários e era conhecida pelo nome LEGO.

Vinte anos após essa mudança de rumo, uma nova matéria-prima começou a ganhar popularidade no mercado e no mundo: o plástico. Ole Kirk não ficou para trás e acompanhou essa nova tendência e, em 1948, junto com seu filho Godtfred, após se inspirarem em amostras de "tijolos de plásticos" que receberam um ano antes, lançaram no mercado peças semelhantes, que poderiam ser empilhadas juntas, mas, ao contrário dos blocos de madeira, não ficavam soltas quando se uniam. Em 1953, esse brinquedo ganhou o nome que todos nós conhecemos até hoje: "LEGO Mursten" ou "tijolos LEGO" – e bom, sabemos muito bem qual é o desfecho dessa história!

Após décadas de impressionante crescimento, expandindo suas linhas de produtos e até criando parques temáticos, a empresa se tornou uma das maiores marcas globais no segmento de brinquedos. Um verdadeiro ícone global encantando crianças e seus pais ao redor do mundo. Porém, na década de 2000, a LEGO começou a perder mercado e entrou em uma séria crise financeira. Em 2004, a empresa teve seu pior ano, registrando um prejuízo próximo de 2 bilhões de coroas dinamarquesas (algo equivalente a 220 milhões de dólares).

Se continuasse nesse caminho, a empresa teria certamente quebrado. Porém, em 2005, começou uma verdadeira virada que levou a LEGO a crescer novamente, retomando seu lugar de destaque entre as empresas do segmento. Em 2018, a LEGO registrou lucro de 8,1 bilhões de coroas dinamarquesas. Um cenário bem diferente do prejuízo de 2004. Mas a grande pergunta é: o que ocorreu em 2005 que mudou a história da LEGO?

Bem, quando as coisas não vão bem em uma empresa é normal substituir o comandante e foi exatamente isso que ocorreu na LEGO. Após o desastre financeiro de 2004, o então CEO Kjeld Kirk Kristiansen foi substituído por Jørgen Vig Knudstorp. Seria Jørgen um gênio? Ele até poderia ser, mas definitivamente não foi essa característica dele que levou a empresa a retomar seu rumo, mas sua capacidade de *escutar o que não era dito*. Em suas próprias palavras: "Realmente entender os verdadeiros, mas não verbalmente expressados, desejos e necessidades das crianças foi o elemento-chave para a recuperação da LEGO".

Sob o comando de Knudstorp, a LEGO parou de escutar o que ouvia das crianças nos chamados *focus groups* e começou a realmente "escutar" o que *não* era dito. Aquilo que estava em um plano mais inconsciente, mas que representava o verdadeiro desejo dessas crianças em relação ao que esperavam de seus brinquedos da LEGO.

No livro *A excelência do olho de tigre*,[34] abordo esse tema, aprofundando o conceito de insights. Um insight é um entendimento penetrante da verdade subjacente de algo. Em outras palavras, o "porquê

---

[34] GRINBERG, R. **A excelência do olho de tigre**: como atingir resultados cada vez mais extraordinários como profissional ou empreendedor. São Paulo: Gente, 2016.

por trás do porquê". Nesse caso, perguntar para as crianças o que elas queriam era o mesmo que enxergar apenas a parte visível de um iceberg, a parte acima da água, mas ignorar toda a parte submersa.

Quando os executivos da LEGO prestaram atenção aos insights das crianças, começaram a entender algo fascinante. O que estava faltando na "brincadeira com LEGOS" era uma espécie de personalidade. Mais especificamente *personagens*! As crianças estavam fascinadas pelos personagens dos filmes que assistiam no cinema.

Por isso, quando a LEGO fez parcerias com os estúdios para lançar filmes e brinquedos em que os personagens eram feitos com os icônicos "tijolos" da LEGO, desde a saga *Guerra nas Estrelas*, passando por diversos super-heróis e até *Harry Potter*, a trajetória de sucesso da empresa foi retomada.

Honestamente, quem poderia imaginar que as crianças queriam ver seus personagens favoritos em forma de LEGO? Eu mesmo, sendo absolutamente sincero, até hoje não entendo o que as crianças veem naqueles bonecos em forma de LEGO. Mas o ponto é justamente esse. Eu, como, provavelmente, os executivos da LEGO à época, não conseguia nem pensar em uma possibilidade como essa.

Por isso, além de não analisar as respostas das crianças de uma maneira mais profunda, eles não sabiam fazer as perguntas corretas. Faziam perguntas e análises baseados em suas próprias perspectivas e não sob a ótica daqueles que realmente importavam naquele contexto: as crianças.

O que aconteceu com a LEGO é mais comum do que podemos imaginar. Cofundador da Apple, o norte-americano Steve Jobs (1955-2011) dizia: "as pessoas não sabem o que querem até mostrarmos a elas", referindo-se ao fato de que não adiantava fazer pesquisas perguntando o que o consumidor queria porque jamais falariam que queriam algo como um iPhone, por exemplo. Quase cem anos antes de Jobs, o industrial norte-americano Henry Ford (1863-1947) teria dito: "Se eu tivesse perguntado às pessoas o que elas queriam, elas teriam dito cavalos mais rápidos". Mas, cuidado! O que esses empresários visionários diziam é normalmente distorcido por uma ideia de que para ser inovador não se pode perguntar o que as pessoas querem. Não é esse o conceito que eles advogavam, mas o de entender os insights mais profundos, como mencionei anteriormente.

Mas como entender o que consumidores/clientes, fornecedores, colegas, chefes, subordinados e até cônjuges querem, se não nos falam de maneira clara? A resposta está em melhorar a sua capacidade de *escutar o que não está sendo dito*. De certa forma isso tem a ver com o que alguns especialistas chamam de "escuta ativa". Este termo apareceu pela primeira vez em 1957, no livro *Active Listening*,[35] dos psicólogos Carl Rogers e Richard Farson. O termo tem sido usado e reinventado por inúmeros autores e consultores com significados similares. A seguir, aprofundaremos o exame do assunto para que você possa melhorar a sua capacidade de ouvir o que *não* está sendo falado, o que *quase* está sendo falado e o que está sendo falado *sem intenção* de ser dito.

O SONHO DE OMAR

Omar era formado em engenharia mecânica, mas tinha seguido carreira na área de negócios. Havia quinze anos tinha entrado como estagiário em uma grande empresa de construção civil. Morava e trabalhava na Colômbia como diretor da maior unidade de negócios da empresa no país, onde se reportava diretamente para o *country manager*. Apesar de ter tido uma carreira muito bem-sucedida em sua empresa até aquele momento, nos últimos anos estava um pouco incerto em

---

[35] ROGERS, C.; FARSON, R. Active Listening. *In*: NEWMAN, R.; DANZIGER, M.; COHEN, M. (eds.) **Communicating in Business Today**. Lexington: D.C. Heath & Company, 1987.

relação aos seus próximos passos. Por meio de uma indicação, fez algumas sessões de aconselhamento executivo comigo.

Sentia-se em uma encruzilhada. Por um lado, era jovem (tinha 35 anos), solteiro e, tendo ganhado em dólares nos últimos anos, já tinha juntado dinheiro suficiente para realizar um antigo sonho de fazer o famoso "ano sabático" e viajar pelo mundo. Suas economias eram sólidas, o que lhe permitiria não somente fazer esse ano de viagens de maneira confortável, mas ainda teria reservas financeiras suficientes para, caso demorasse para começar a trabalhar novamente, aguentar alguns meses após a viagem. Em outras palavras, o momento e as condições para realizar esse antigo sonho pareciam propícios.

Por outro lado, ele ficava inseguro de sair da empresa que havia lhe propiciado tantas conquistas. Tinha medo de que, se saísse, não teria garantia de ter o emprego de volta e poderia ter dificuldades de se recolocar em outra empresa. "O que devo fazer?". Essa era a grande pergunta de Omar. Pelo menos, era isso que verbalizava e, obviamente, era uma pergunta apropriada diante daquele contexto. Mas procurando aplicar uma escuta mais atenta, ou a dita "escuta ativa", não me deixei cair na tentação de *aceitar* que a verdadeira pergunta era aquela (podia até ser, mas aquela pergunta poderia ser simplesmente a ponta do iceberg).

Após algumas conversas explorando mais profundamente o perfil psicológico daquele jovem executivo e o contexto de sua vida, histórico, conquistas, falhas, frustrações, ansiedades etc., começou a aparecer um pouco mais daquele "iceberg". Na verdade, a hipótese que comecei a formular foi algo aparentemente inusitado. Ele não queria fazer nenhum ano sabático. "Como assim?", pensei comigo mesmo. Isso não fazia o menor sentido.

Porém, lembrei-me do caso da LEGO, em que, se me falassem que as crianças queriam brincar com super-heróis feitos de "tijolos de plástico", eu também teria dito que aquilo não fazia o menor sentido. Mas como cheguei a essa hipótese? Fazendo perguntas que me levaram a entender o que realmente era importante para ele. Percebi que frequentemente me perguntava o que as pessoas ou o que ele chamava de "o mercado" iriam pensar quando voltasse de tal viagem.

Iriam valorizar a sua nova experiência de vida? Ou achariam que perdeu um ano produtivo? Uma conversa que ele introduziu paralela a essa foi a de, em vez de fazer o ano sabático, cursar um MBA em uma universidade de prestígio nos EUA ou Europa. Mais uma vez ele me perguntava o que eu achava que as pessoas ("o mercado") achariam dele se cursasse um MBA. Mais precisamente, me perguntava: "quanto vão me *valorizar* se eu tiver um MBA de uma universidade estrangeira *top*?".

Fiz algumas outras perguntas que me levaram a ter uma ideia mais clara de que Omar estava buscando algo que não necessariamente tinha a ver nem com o ano sabático, nem com um MBA. Por exemplo, pedi para ele vislumbrar uma situação hipotética em que seria promovido no mês seguinte a *country manager* de um país ou a um cargo mais alto na sede da empresa.

Feita a visualização, perguntei se, nesse caso, ele ainda gostaria de seguir com os outros planos. A resposta imediata foi: "não! Aí, não, né?" respondeu, como se fosse algo óbvio. Bem, o que ficou claro é que o jovem executivo estava buscando *reconhecimento*, mais do que qualquer outra coisa. Não que não gostasse da ideia de fazer esse ano sabático ou de cursar um MBA em uma universidade estrangeira. Esses eram desejos que ele realmente tinha, mas eram apenas "confete", ou seja, eram a "ponta do iceberg". O bolo mesmo, o que estava na "parte encoberta do iceberg", era um desejo enorme e latente de ser reconhecido e valorizado.

Sua sensação naquele momento era de que seu empregador não o estava mais valorizando como fizera um dia. Como esse pensamento era conflitante na mente de Omar, pois, entre outras questões, poderia gerar certa sensação de ingratidão (efetivamente, ele não tinha do que reclamar em relação à sua carreira na empresa), esses pensamentos e emoções foram jogados para o fundo de sua mente e o que surgiu foi o desejo de "fugir" para um ano sabático, um MBA etc.

Quando começamos a explorar a possibilidade de que a verdadeira questão por trás de tudo isso era o reconhecimento, as coisas começaram a ficar mais claras. Algumas semanas de conversas nessa direção e o iceberg acabou se revelando. Mas como eu podia ter certeza de que minha hipótese estava correta? Na verdade, naquele exato momento não podia ter total certeza disso, mas o que acabou acontecendo validou a hipótese.

Sem esquecer das possibilidades do ano sabático ou do MBA, começamos a traçar juntos um plano de como ele poderia ser novamente valorizado na empresa, conquistando mais relevância e eventualmente sendo promovido. Os olhos dele brilharam com essa possibilidade e o simples fato de trabalhar nesse plano já lhe motivou a ter outras ideias de como poderia fazer isso dentro da empresa.

A primeira coisa que fez foi conversar com algumas pessoas estratégicas e demonstrar seu interesse em assumir novas responsabilidades. Alguns meses depois, em uma daquelas oportunidades que o destino traz para os que estão preparados para enxergá-las, o chefe dele, de última hora, teve um problema e não pôde viajar para fazer uma apresentação importante para o conselho da empresa.

Omar viajou em seu lugar e conduziu a apresentação brilhantemente. Um dos conselheiros ficou impressionado com o que viu e começou a pensar nele para substituir um *country manager* que não estava desempenhando uma boa performance. Alguns meses depois, Omar substituiu aquele executivo e, como dizem por aí, o resto é história.

Mas cuidado com a lição que você tira desse caso. Às vezes não existe razão oculta ou algo mais profundo por trás de um desejo, como no caso de Omar. Em uma pequena passagem da vida de Sigmund Freud (1856-1939), questionaram o grande psicanalista austríaco sobre o seu hábito de fumar charutos. Na verdade, como um dos pilares centrais do seu trabalho era a importância dos símbolos com conotação sexual no funcionamento da mente, perguntaram se os charutos que ele fumava não seriam uma clara demonstração, inconsciente, do desejo dele de manusear um símbolo fálico. Freud, com muita elegância, respondeu: "às vezes um charuto é apenas um charuto". Parafraseando a célebre frase de Freud: "às vezes o que uma pessoa fala é apenas aquilo que ela quer falar".

UM MÉTODO PARA DESENVOLVER A ESCUTA ATIVA

▶ Concentração total

O princípio básico aqui é que a escuta ativa parte de quem *ouve*. Ou seja, é necessário um esforço consciente de não apenas escutar as palavras ditas em uma conversa, mas também entender os significados daquilo que está sendo falado. Esse elemento tem a ver com o controle dos próprios pensamentos e ações. Apesar do conceito ser simples e até óbvio, a aplicação não é tão simples e óbvia como parece. Para conseguir aplicar o conceito de escuta ativa, a primeira coisa a ser feita é tirar de perto todas as distrações (sim, principalmente *smartphones*!).

Outro fator importante para lhe ajudar a focar é não conduzir uma conversa importante quando estiver perturbado ou ansioso para resolver algo que não tem nada a ver com aquela conversa. Mesmo questões menores como a preocupação com o eventual trânsito que você vai pegar para chegar em uma próxima reunião podem atrapalhar a sua concentração. Portanto, se você não conseguir eliminar essas questões da mente, é melhor remarcar a conversa para um outro dia ou horário.

▶ Atenção ao contexto

Um palavrão pode ser usado como sinal de hostilidade, mas também como sinal de verdadeira intimidade e amizade. Quantas vezes você já não viu amigos de longa data se tratando de maneira irônica ou até mesmo aparentemente desrespeitosa? Isso muitas vezes pode soar como hostilidade para um observador desavisado. "Aquele X$@#* do João é meu amigo há vinte anos... eu faço qualquer coisa por ele!", "mas você é um X%$@#, hein, José? Não deixou ninguém pagar a conta!". Claro que esse tipo de interação depende muito da cultura que tal grupo esteja inserido, mas o ponto aqui é que, dependendo do *contexto*, as mesmas palavras usadas podem significar algo completamente diferente. Talvez, nas suas conversas profissionais, você não encontrará uma disparidade tão grande de significado como no exemplo acima, mas com certeza haverá diferenças sutis que, se você não tiver uma leitura correta sobre o contexto, não poderá captar a essência do que está sendo dito.

Para você conseguir entender melhor o contexto, faça perguntas que lhe indiquem o que está ocorrendo em torno da situação que a pessoa está lhe contando. Aparentemente essas perguntas podem ser completamente desconectadas da questão em si, porém só assim você entenderá melhor o contexto. Por exemplo, se algum amigo seu vier pedir ajuda para decidir se aceita ou não um novo emprego, normalmente você fará as perguntas diretas como: "qual é a diferença de salário?", "o cargo é mais alto?", "qual é a distância da sua casa para o novo trabalho?", e assim por diante. Essas perguntas são obviamente relevantes, mas não são suficientes para encobrir algo que esteja "escondido" no contexto. Por exemplo, uma pergunta que lhe ajudaria a entender melhor o contexto e que aparentemente não tem nada a ver com a questão, seria: "como está a sua situação familiar nesse momento?". O que essa pergunta pode revelar? Por exemplo, a possibilidade de a pessoa estar pensando em ter um bebê no próximo ano.

Ou estar vivendo uma relação conjugal desgastada pela quantidade de viagens que precisa realizar no emprego atual. E assim por diante. Questões como essas não parecem ter relação direta com a situação, mas podem pesar muito mais do que o cargo, salário ou distância do escritório na hora de decidir por uma mudança de emprego. Portanto, entender a fundo o cenário em que a pessoa está envolvida é fundamental para se praticar a escuta ativa.

▶ "Ouça" as entrelinhas

Às vezes, por timidez ou simplesmente por não saber se expressar de maneira clara, o interlocutor não descreve o que quer dizer exatamente com palavras, mas deixa pistas que possibilitam um entendimento mais amplo da mensagem. Em uma conversa com Maria, uma jovem e talentosa engenheira, Jorge, o gerente sênior, indagava por que ela não tinha ido trabalhar no dia anterior, justamente no qual tiveram uma reunião importante com um cliente. Maria, meio sem jeito, explicava que avisou por telefone que não teria condições físicas de ir ao trabalho e que lamentava muito. Mas Jorge estava irritado e pressionava Maria para explicar o que aquilo significava. Maria disse: "Bem... eu... eu... eu tive uma enxaqueca fortíssima. Me desculpe...". Mas Jorge continuava insatisfeito com a resposta e dizia que isso não era motivo para faltar. No dia seguinte, Maria pediu demissão.

O que Maria ficou sem jeito de dizer é que tinha tido uma crise fortíssima de cólicas menstruais, que lhe deixara acamada. Maria era acometida por essas crises de tempos em tempos e sabia que passaria em algumas horas, por isso não cogitou ir a uma clínica para pegar um atestado médico. Pensou também que, dado o seu histórico de assiduidade e desempenho na empresa, não precisaria ter que dar tantas explicações adicionais quando mencionasse a questão da "enxaqueca fortíssima", pois esperava que seu gestor entendesse que se tratava de uma questão que envolvia sua intimidade. Ela obviamente já tinha avisado que não estava se sentindo bem e por isso faltaria ao trabalho. Maria era uma jovem muito discreta e ficou extremamente constrangida com a possibilidade de ter que falar para um homem algo que era tão íntimo. Ainda mais em um ambiente majoritariamente masculino. Por isso, não falou explicitamente o que havia ocorrido e, se sentindo assediada, no dia seguinte, Maria pediu demissão.

Alguns dias depois, Maria caiu em uma depressão profunda. Quando seus pais souberam o que havia ocorrido, decidiram, em conjunto com Maria, processar a empresa por assédio moral. Maria ganhou o processo. Porém, não recuperou aqueles dias de sofrimento que havia passado em decorrência da depressão. Não estou discutindo aqui o mérito do processo, mas alertando para o fato de que se Jorge tivesse lido as entrelinhas do que Maria queria comunicar, toda essa situação poderia ter sido evitada.

▶ Fique atento ao que o corpo quer dizer

No clássico livro de Pierre Weil e Roland Tompakow, *O corpo fala*,[36] os autores demonstram como, pela linguagem do corpo, podemos comunicar mais do que com as próprias palavras. Vale a pena a leitura, já que o livro aborda esse tema de maneira profunda e muito além de relações profissionais. Aqui vou me focar em seis gestos para os quais o livro apresenta uma interpretação e que, na minha experiência, realmente foram muito úteis para me ajudar a decifrar o que "outros corpos" queriam "falar".

CUMPRIMENTO

Um aperto de mão firme é sinal de que a pessoa está aberta a uma conversa sem restrições. A mão mais frouxa é sinal de que a pessoa está mais reticente a ter uma conversa mais envolvente. Portanto,

---

[36] WEIL, P.; TOMPAKOW, R. **O corpo fala**: a linguagem silenciosa da comunicação não verbal. Petrópolis: Vozes, 1973.

Para você conseguir entender melhor o contexto, faça perguntas que lhe indiquem o que está ocorrendo em torno da situação que a pessoa está lhe contando.

baseado no aperto de mão, você pode decidir se deve ser mais ou menos cauteloso em sua abordagem.

POSIÇÃO NA CADEIRA

A pessoa sentada com o celular, pasta, bolsa ou casaco sobre o colo está comunicando que não está à vontade. Portanto, nesses casos, antes de entrar em uma conversa mais específica, será importante criar um ambiente mais acolhedor para poder "abrir a guarda" daquela pessoa.

DIREÇÃO DOS PÉS

Pés em direção à pessoa que está falando indicam que a conversa está sendo interessante. Se os pés estiverem voltados para a porta, é provável que a pessoa queira sair daquela situação.

POSIÇÃO DOS BRAÇOS

Essa talvez seja a situação que mais nos damos conta, inclusive em nós mesmos. Braços cruzados no peito significam que a pessoa não está aceitando o que está ouvindo e não quer mudar de opinião.

POSIÇÃO DAS MÃOS

Mãos fechadas mostram insegurança, como se a pessoa estivesse agarrando algo para não cair. Mãos abertas significam que a pessoa tende a concordar com o que está ouvindo.

POSIÇÃO DA CABEÇA

Cabeça encolhida entre os ombros pode significar agressividade. Como em todos os outros casos, não podemos levar essas pistas ao pé da letra, porém, se você sentir que a pessoa está encolhendo a cabeça entre os ombros enquanto fala com ela, talvez seja hora de mudar de assunto.

PRINCÍPIO 7 – ENXERGAR NO ESCURO

> "A única coisa pior do que ser cego é poder enxergar, mas não ter visão."
>
> Helen Keller (1880-1968), escritora e ativista política norte-americana.

Nasrudin, um grande sábio muçulmano do século XII, estava em certa ocasião agachado, tateando o solo como se estivesse procurando algo, aproveitando a luz de uma lâmpada em um poste. Um conhecido seu aproximou-se e, ao vê-lo daquela maneira, perguntou-lhe:

— Meu querido Nasrudin, que procuras, perdeste algo?

— Sim, meu amigo, perdi uma chave e estou aqui já faz um tempo, procurando-a, sem encontrá-la. Você poderia me ajudar?

— Claro que sim.

E juntos continuaram procurando a chave, aproveitando a luz que na noite propagava do poste. Passados alguns minutos, aproximou-se outro conhecido do sábio Nasrudin.

— Olá! O que estão fazendo? O que estão procurando?

— Nasrudin perdeu uma chave e nós estamos à procura dela, você poderia nos ajudar?

— Claro que sim!

E todos juntos agachados e aproveitando a luz do poste tentavam encontrar a chave perdida de Nasrudin. Mais de quinze minutos depois, os amigos começaram a ficar inquietos. Era impossível que, depois de todo o tempo que levaram ali buscando a tal chave, não tivessem encontrado nada e, portanto, perguntaram ao sábio:

— Nasrudin, como é possível não estarmos encontrando a chave? Já vasculhamos toda esta área... você tem certeza de que perdeu a chave aqui mesmo?

– Não, de forma alguma. Na verdade, perdi a chave dentro de casa, mas como está tão escuro lá dentro, optei por procurá-la aqui, pois está iluminado.

Essa é uma história proveniente do pensamento sufi (um ramo de filosofia mística dentro do Islã) que demonstra com precisão o conceito deste capítulo. Quantas vezes estamos buscando nossas oportunidades onde "está iluminado" e, portanto, nos sentimos confortáveis em procurar incessantemente nos "mesmos lugares"? Fazemos isso porque temos visibilidade do ambiente em que estamos procurando, mas o problema é que, invariavelmente, as verdadeiras oportunidades não estarão lá. A razão é simples: as oportunidades que aparentemente aparecem nesses lugares "iluminados" não são mais oportunidades porque estão visíveis para todos. No livro *A estratégia do oceano azul*,[37] os autores W. Chan Kim e Renée Mauborgne demonstram a grande diferença entre concorrer em um mercado em que todas as oportunidades estão "iluminadas", ou seja, claras para todos os concorrentes (o que eles chamam de oceano vermelho) e um mercado em que as oportunidades não estão claras (o que eles chamam de oceano azul).

Um grande exemplo de estratégia do oceano azul citado no livro é do Cirque du Soleil. O grupo teatral foi fundado em 1984 por Guy Laliberté e Daniel Gauthier e que literalmente criou um novo mercado juntando o melhor do circo, teatro, música e figurinos originais. Até aquele momento o mundo nunca tinha visto nada igual. De um único espetáculo criado para a celebração do aniversário de 450 anos do Canadá (país de origem da empresa), o Cirque du Soleil evoluiu para mais de 4 mil profissionais provenientes de cinquenta países. Mais de 160 milhões de pessoas já assistiram algum dos espetáculos do Cirque

---

[37] KIM, W. C.; MAUBORGNE, R. **A estratégia do oceano azul**: como criar novos mercados e tornar a concorrência irrelevante. Rio de Janeiro: Sextante, 2018.

du Soleil desde a sua criação e a empresa chegou a ter faturamento anual de cerca de 1 bilhão de dólares. Em abril de 2015, o cofundador do Cirque du Soleil, Guy Laliberté, vendeu 90% da companhia por 1,5 bilhão de dólares para um grupo de investidores. Infelizmente, com o início da pandemia de covid-19, não podendo realizar seus magníficos eventos presenciais, em 2020, o Cirque du Soleil teve grandes dificuldades financeiras, o que levou a empresa a ter que demitir centenas de funcionários e artistas em todo o mundo.

Em outro exemplo, talvez mais simplista, procurar a oportunidade onde está iluminado seria como se os jovens empreendedores Garrett Camp e Travis Kalanick tivessem decidido criar uma empresa de táxis em 2009. Por melhor que fosse a empresa deles, estariam concorrendo em um oceano vermelho com milhares de outras empresas de táxi. Ou seja, estariam buscando a oportunidade embaixo de um "poste iluminado". Porém, Garrett e Travis decidiram sair do "poste iluminado" e mergulhar em um oceano azul profundo. Nascia assim, em março de 2009, a UberCab.com, que ficou conhecida simplesmente como Uber. Em maio de 2018, a empresa foi avaliada em 62 bilhões de dólares.

O "TRUQUE" DO VOLUNTÁRIO

Em algumas das minhas palestras peço que alguém da plateia venha ao palco para me ajudar a demonstrar algo complexo. Digo que quem vier tem que ter muita coragem porque o que vamos fazer não é uma tarefa fácil. Sempre demora um pouco até alguém levantar a mão. Imagino que entre o momento que faço o pedido até que alguém levante a mão diversos pensamentos ocorrem na mente dos participantes:

- "Eu não vou subir nesse palco nem amarrado."
- "Eu quero ir, mas, e se for algo que eu não consiga fazer?"
- "Ah, eu não vou passar vergonha na frente de todos!"
- "Caramba, levanta a mão alguém aí logo antes que ele venha me escolher..."
- "Se ninguém levantar a mão nos próximos segundos, eu vou..."

Quando finalmente alguém levanta a mão e sobe no palco, eu pergunto por que a pessoa decidiu se voluntariar. A resposta normalmente tem a ver com um momento anterior da palestra em que falo sobre repensarmos a zona de conforto: "como você disse antes... é preciso sair da zona de conforto. Então aqui estou eu!". Normalmente faço algumas perguntas adicionais e crio um momento de tensão antes de entrar no "grande desafio". Quando anuncio que começaremos o desafio, caminho até o púlpito, pego um dos meus livros que já estava escondido lá e entrego o livro para a pessoa que se voluntariou. Enquanto entrego o livro, digo: "parabéns! Você, de alguma maneira, enxergou uma oportunidade e por isso teve uma recompensa. Você já venceu o desafio! Agora pode voltar para o seu lugar". Algumas pessoas ficam tão felizes e, principalmente, aliviadas, que chegam até a me abraçar.

Daí, pergunto para a plateia: "se eu tivesse dito antes que daria um livro para quem se voluntariasse apenas para subir comigo no palco, quantas pessoas teriam levantado a mão?". Entre risadas, todos concordam que, nesse cenário, a grande maioria ali teria levantado a mão. Mas, nesse caso, seria mesmo uma oportunidade? Um oceano azul? Ou seria um oceano vermelho? Bem, agora você já sabe a resposta. A diferença de quem ganha o livro é que a pessoa conseguiu "enxergar" a oportunidade que os outros não enxergaram. Ele procurou a oportunidade onde ela realmente estava, na "casa escura" e não debaixo do poste iluminado.

UM MÉTODO PARA ENXERGAR OPORTUNIDADES

Aprofunde seus conhecimentos

A internet facilitou muito o fluxo de informação, mas, ao mesmo tempo, criou um problema paradoxal, o que eu chamo de "síndrome da falta de profundidade do conhecimento". Todos sabem de tudo por meio da internet, mas poucos (muito poucos mesmos) se aprofundam nas questões. Qualquer um que lê duas ou três frases sobre qualquer tema já se considera um expert no assunto e suficientemente confiante para emitir opiniões sobre os mais diversos assuntos.

Um dos grandes autores de nossos tempos, o italiano Umberto Eco (1932-2016), que escreveu O nome da rosa e O pêndulo de Foucault, entre outros clássicos, certa vez comentou sobre essa situação: "a internet deu voz a uma legião de imbecis". Se não queremos ser "imbecis" e conseguir enxergar as oportunidades, precisamos aprofundar nossos conhecimentos. Sem isso, quando a oportunidade passar por perto, você não terá os "equipamentos" necessários para enxergá-la. Uma receita milenar e infalível para aprofundar seu conhecimento é ler mais livros. Sim, o bom e velho livro. Você pode ler no seu leitor digital ou até mesmo no seu iPhone, mas leia livros (e artigos) *inteiros*. Não apenas duas ou três linhas de temas que você considera interessantes.

Siga na outra direção

Enquanto todos estão indo para o mesmo lado, busque alternativas que vão para o sentido contrário. Há uma famosa história (que, mesmo podendo ser apócrifa, ou seja, que talvez não tenha realmente ocorrido, pois não se tem a autoria, traz uma importante reflexão) que narra uma conversa do icônico magnata do petróleo, o norte-americano John Rockefeller (1839-1937) e um simples engraxate com quem gostava de conversar sobre trivialidades.

Era uma manhã qualquer no ano de 1929. Enquanto lustrava o couro do sapato de Rockefeller, o jovem engraxate olhou para aquele que era um dos homens mais ricos do mundo e disparou: "fiquei sabendo de uns papéis que vão subir para valer, senhor. Acho que vou investir". Rockefeller dobrou seu jornal, deu um sorrisinho para o garoto como quem diz "será mesmo?" e, ao voltar ao escritório, vendeu a maior parte de seus papéis na Bolsa de Valores de Nova York. Rockfeller pensou: "se até o engraxate já sabe tudo sobre o mercado, então algo muito errado está acontecendo". Se a história é verdadeira ou não, é provável que nunca saberemos, mas o fato é que Rockfeller saiu praticamente ileso do maior *crash* da bolsa de valores que ocorreu em 1929.

Faça a pergunta "e se?"

Como já expliquei anteriormente, nosso cérebro tende a formar uma opinião muito rápida sobre o que aparece à nossa frente e, por mais que isso tenha sido importante para a sobrevivência na época das cavernas, atualmente nos atrapalha muito para enxergarmos oportunidades. Arrisco dizer que antes dos criadores da Uber colocarem a ideia em prática, outras pessoas potencialmente devem ter pensado em algo similar.

Existe uma "estatística informal" de que quando surge uma ideia inovadora, pelo menos setecentas pessoas no mundo inteiro estão pensando exatamente na mesma ideia ou em iniciativas muito similares. Steven Johnson, em seu livro *De onde vêm as boas ideias*,[38] apresenta um conceito chamado "o múltiplo", que justamente estuda o fato de algumas das grandes descobertas do mundo terem ocorrido em locais completamente separados, mais ou menos ao mesmo tempo, e sem que nenhum desses cientistas tivessem contato uns com os outros. Por exemplo, a primeira bateria elétrica foi inventada por

---

[38] JOHNSON, S. **De onde vêm as boas ideias**. Rio de Janeiro: Zahar, 2011.

Ewald von Kleist e a garrafa de Leyden em 1745 e 1746, respectivamente. Ou o caso de Joseph Priestley e Carl Wilhelm Scheele, que conseguiram isolar oxigênio em 1772 e 1774, respectivamente. Em ambos os casos, as descobertas ocorreram de maneira independente, sem nenhuma troca de informações entre os cientistas. Nessa época, as informações "viajavam" de maneira extremamente lenta.

Voltando ao nosso exemplo da Uber, provavelmente as outras pessoas que tiveram a mesma ideia pensaram algo do tipo: "isso seria genial, *mas* ninguém vai querer entrar no carro de um estranho". Como essas pessoas não entendiam o conceito das *atitudes extraordinárias*, elas não fizeram a seguinte pergunta: "e se?". "E se nós criássemos um sistema que diminuísse esse risco para as pessoas entrarem em carros de pessoas desconhecidas?". "E se, de repente, não houver tanta resistência para as pessoas entrarem em carros de pessoas desconhecidas? Afinal de contas, elas já fazem isso com táxis". "E se criássemos um sistema para que as pessoas que fossem usar esses serviços pudessem interagir com os motoristas?". Por exemplo, esta última indagação poderia gerar um novo negócio e assim por diante.

USE OUTRAS LENTES

Ian C. MacMillan, um professor da Wharton School of Business, compara a capacidade de um empreendedor de enxergar oportunidades que ninguém está vendo com aqueles óculos especiais que os ladrões de bancos, que vemos nos filmes, usam para ver os raios infravermelhos que acionam os alarmes. Em outras palavras, as oportunidades estão todas ali, mas somente aqueles que usam essas lentes diferentes é que conseguem visualizar algumas dessas oportunidades. Por exemplo, existem lentes que identificam oportunidades onde as necessidades dos consumidores não têm sido satisfeitas, ou onde existem ineficiências na entrega de produtos, ou, ainda, soluções inovadoras que foram usadas em uma indústria e que poderiam ser transplantadas para outros segmentos.

Um exemplo disso é uma lente que enxerga oportunidades no que se chama de "demanda desequilibrada". Isso ocorre quando existe forte demanda de algum serviço/produto em algum local específico, mas falta demanda pelo mesmo serviço/produto em outros locais. Foi a oportunidade que Curtis Lee e Craig Martin, fundadores da empresa Luxe Valet, de São Francisco, enxergaram. A empresa funcionava da seguinte maneira: os motoristas que precisavam estacionar seus carros em locais onde existiam poucas vagas ingressavam no aplicativo da Luxe Valet e inseriam no sistema o local onde precisavam estacionar. Quando as pessoas chegavam dirigindo seus carros nos locais que precisavam estacionar, um manobrista da Luxe Valet pegava o carro da pessoa e levava para estacionar em alguma garagem mais longe, onde não existia a mesma demanda por vagas. Pouco antes de precisar usar o carro novamente (ou de maneira pré-agendada), o usuário entrava no sistema e pedia o seu carro. Ou seja, o problema da demanda desequilibrada era resolvido, ao passo que o usuário do serviço não tinha que se preocupar em estacionar seu carro no local onde havia muita demanda por vagas, e as garagens em locais que tinham pouca demanda por vagas recebiam novas receitas.

O serviço eventualmente perdeu força ao passo que a Uber ficou mais popular. Em seu auge, porém, a empresa chegou a ser avaliada em 110 milhões de dólares e, mesmo em declínio, foi vendida para a gigante sueca Volvo. Essa discrepância entre a demanda por vagas de estacionamento de acordo com a localização sempre existiu e estava à frente de todos. Porém, Curtis e Craig foram os primeiros a usar as lentes corretas para conseguir enxergar o que os outros não viam.

A razão é simples:
as oportunidades
que aparentemente
aparecem nesses
lugares "iluminados"
não são mais
oportunidades porque
estão visíveis
para todos.

capítulo 7

As três mulas sem cabeça

De todos os paradigmas que abordei neste livro até agora, acredito que os mais arraigados no inconsciente coletivo do mundo corporativo são estes três: a necessidade de trabalhar duro, a importância de não cometer erros e a obsessão por sermos necessários. Se você chegou até aqui, agora está preparado para o desafio final de poder repensar essas três feras que assolam a mente de todos nós. Este é o teste final para aqueles que realmente querem não somente desenvolver, mas também incorporar de maneira definitiva o conceito das *atitudes extraordinárias.*

PRINCÍPIO 8 – IR ALÉM DO "TRABALHAR DURO"

> "Procure ser produtivo em vez de ocupado."
>
> Tim Ferriss, autor norte-americano

"Quando Bill Gates saiu da Microsoft em 2008, ele valia aproximadamente 58 bilhões de dólares", diz Davis Guggenheim, narrador e diretor de *Inside Bill's brain: decoding Bill Gates*,[39] lançado em 2019 pela Netflix.

---

[39] **O CÓDIGO BILL GATES**. Direção: Davis Guggenheim. EUA: Concordia Studio; Netflix, 2019. VOD (3 episódios). Disponível em: www.netflix.com.br. Acesso em: 17 mar. 2021.

O documentário explora a vida e trajetória do bilionário cofundador da Microsoft. O nome da série (em português, *O código Bill Gates*) busca responder à pergunta que todos nós fazemos: como funciona o cérebro de alguém como Bill Gates? Mais do que saber como foi sua infância, o que ele gosta de comer ou fazer nas horas vagas, o mais interessante, na minha opinião, é entender como ele usa o próprio tempo. Em um trecho do documentário, sua assistente começa a narrar o que Bill faria naquele dia:

- 8h: Reunião de inteligência artificial – Tech Review
- 9h: Reunião da TerraPower
- 10h30: Reunião do conselho da Microsoft
- 12h: Almoço de meia hora com Warren Buffet
- 12h30: Reunião sobre saneamento

E seguindo pela tarde... revisão sobre a estratégia de educação, entrevista com um jornalista e, no final do dia, ida ao que eles chamam de IV Lab, onde ele passa um bom tempo.

O narrador, então, pergunta se normalmente ele é pontual e sua assistente responde prontamente que ele é pontual em todas as reuniões, sem exceção e sem se atrasar um minuto sequer. Ela completa dizendo algo que talvez seja a reflexão mais importante de todo o documentário: "tempo é uma *commodity* que, mesmo ele, não consegue comprar. **É um recurso limitado. O tempo é finito. Ele tem as mesmas vinte e quatro horas por dia que todos nós temos".** Sim, até Bill Gates ou qualquer outro megaempresário, gênio ou mesmo um super-herói só tem as mesmas vinte e quatro horas que todos nós temos.

Portanto, não foi se dedicando *mais tempo* que Bill Gates se tornou bilionário, mas fazendo valer muito mais, exponencializando o valor de cada minuto trabalhado. O que quero chamar atenção aqui é o cuidado que Bill Gates tem de não desperdiçar o tempo dele. Cada item em sua agenda é muito bem avaliado para que possa levá-lo mais próximo aos seus objetivos, que atualmente são ligados a resolver alguns dos maiores problemas da humanidade. Desde dar acesso a água potável e saneamento básico para centenas de milhões de pessoas carentes no mundo até a erradicação de doenças como a malária. Bill Gates continua trabalhando muito porque atualmente tem uma missão que transcende a sua própria existência, mas, independentemente da missão de cada um, o conceito de valorização de cada minuto é muito poderoso para se repensar não só a maneira que trabalhamos, mas principalmente *quanto* tempo dedicamos a essa atividade.

Já pensou em ganhar mais e trabalhar menos? Isso parece aqueles clichês de "picaretagem" que estamos acostumados a ouvir. Porém, existe uma verdade fundamental nessa frase que é mais uma das estratégias vencedoras daqueles que desenvolveram as *atitudes extraordinárias*. Thimothy Ferriss, em seu livro *Trabalhe 4 horas por semana: fuja da rotina, viva onde quiser e fique rico*,[40] que foi lançado em 2007 nos Estados Unidos e se tornou um best-seller, alcançando a primeira posição no prestigiado ranking do *The New York Times*, compartilha sua experiência de valorização do tempo e exponencialização de cada minuto trabalhado.

Como afirma o autor na contracapa, o livro é um "guia para um novo estilo de vida". Eu diria uma ode ao conceito das *atitudes extraordinárias*! O autor explica a sua trajetória profissional e mostra como, de 40 mil dólares por ano trabalhando oitenta horas por semana, ele passou a ganhar 40 mil dólares mensais trabalhando apenas quatro horas por semana.

Deixando de lado um pouco do "sensacionalismo marqueteiro" que os norte-americanos executam com maestria, o livro promove a necessidade de revisarmos os paradigmas sobre trabalho e produtividade nos quais acreditamos, nos convidando a refletir sobre o que

---

[40] FERRISS, T. **Trabalhe 4 horas por semana**: fuja da rotina, viva onde quiser e fique rico. São Paulo: Planeta do Brasil, 2016.

ele chama de "regras que mudam as regras", ou o que eu chamo de *atitudes extraordinárias*.

A propósito, Tim Ferriss também poderia ser incluído como um perfeito exemplo do conceito de polímata que abordei no princípio 2, pois foi dançarino profissional para a MTV de Taiwan, campeão de *kickboxing* na China, tem um recorde mundial em tango (isso mesmo! A dança de origem argentina) e é praticante de um esporte não tão comum chamado *mounted archery*, algo como tiro com arco montado, que consiste em acertar alvos com arco e flecha cavalgando. Além de tudo isso, ainda é investidor-anjo em diversas empresas de megassucesso, como a Uber.

40% EM QUATRO DIAS

Talvez você ainda esteja cético em relação a revisar a noção de ter que trabalhar duro para ter sucesso. Afinal, você tem ouvido isso desde que se entende por gente. Então vamos entrar em algo mais tangível para lhe ajudar a revisar seus conceitos.

Um experimento feito na subsidiária japonesa da Microsoft provou que uma jornada de trabalho de apenas quatro dias por semana é boa tanto para o trabalhador quanto para os negócios da empresa. O teste fez parte do projeto *Work Life Choice Challenge*, uma experiência feita na empresa durante o verão de 2019 (que, no Japão, ocorre entre julho e setembro) como forma de testar se é possível garantir não apenas uma melhor qualidade de vida para o trabalhador, como também aumentar a produtividade e a criatividade dele no período em que fica na empresa. A premissa mais importante era que se conseguiria tudo isso *diminuindo* a quantidade de dias trabalhados.

Além de trabalhar por apenas quatro dias por semana, o experimento também colocou um limite de meia hora para qualquer reunião no período, encorajando que os funcionários se comunicassem de maneira remota e, obviamente, que fossem mais sucintos e efetivos nas reuniões.

A iniciativa foi um tremendo sucesso: no geral, a produtividade da empresa aumentou 40% no período e essa redução de tempo trabalhado também se traduziu em menos despesas: por diminuir a quantidade de reuniões e fechar o escritório na sexta-feira, o número de páginas impressas diminuiu em 58,7% quando comparado com o mesmo período do ano anterior, e o consumo de eletricidade também caiu 23,1%. O Japão luta para reduzir o número de horas trabalhadas por dia, que é o maior do mundo, em vista não somente da cultura, mas da escassez de mão de obra e do rápido envelhecimento da população.

Talvez você possa ainda achar que a história acima é uma exceção, mas não é. Andrew Barnes, um empresário neozelandês, também implementou o conceito da "semana de quatro dias" na sua empresa (a maior da Nova Zelândia no ramo de sucessão familiar, a Perpetual Guardian) e teve muito êxito com a experiência. Com o sucesso obtido, Barnes se tornou um verdadeiro embaixador do conceito. Em 2018 ele criou a *Day Week Global*, uma comunidade sem fins lucrativos que conecta pessoas que enxergam a ideia da "semana de quatro dias" como parte do futuro do trabalho.

O SAMURAI

Quando cursava meu MBA na USC, em Los Angeles, conheci Koji Minato. Koji era um executivo japonês da maior empresa de telecomunicações do Japão (a NTT DOCOMO) e estava na minha classe. Koji era simpático, muito inteligente e representava de maneira exemplar tudo de bom da cultura milenar japonesa. Eu brincava que ele era um samurai.

Em pouco tempo nos tornamos bons amigos. Ele me contava das particularidades da cultura japonesa e eu da nossa cultura brasileira. Ríamos das diferenças entre elas. Não poderia haver duas culturas mais distintas do que as nossas. Por exemplo, era curioso quando íamos a um restaurante e chegava a conta. Eu, sendo brasileiro, sempre conferia se estava tudo certo. Porém, notava que Koji entregava o cartão sem nunca nem olhar para a conta. Depois de alguns almoços e jantares juntos, Koji me confessou que achava estranho eu conferir a conta e que isso no Japão seria um insulto para o garçom ou para o dono do restaurante. Eu brinquei com ele que, depois de anos vivendo no Brasil, não conferir a conta seria um insulto para o meu bolso. Koji riu, mas continuou a não conferir a conta.

Ele também me contava das jornadas de trabalho impressionantes que ele e seus colegas possuíam no Japão. Começavam a trabalhar às 7h da manhã e retornavam para casa às 9h da noite. Faziam isso todos os dias da semana e, às vezes, também tinham compromissos com clientes aos sábados. E, ainda, a cultura ditava que enquanto seu chefe direto estivesse no escritório, os funcionários também deveriam estar lá. Então, alguns dias eles chegavam em casa mais tarde ainda. Quando perguntava ao meu amigo como ele aguentava isso, ele sorria e simplesmente dizia: "a empresa cuida de nós".

Tinham bons salários, a empresa pagava a escola dos filhos e até a moradia deles. A empresa era uma verdadeira "mãe" para os funcionários. Pelo menos essa era a visão de Koji, que nasceu e foi criado em uma cultura em que trabalhar muito era a única maneira de ter sucesso na vida. Era inclusive mais do que isso. Era uma questão de honra. Nessa cultura, ganhar muito dinheiro trabalhando pouco era visto como algo incompatível com "pessoas de bem".

Certa vez perguntei a Koji por que ele não buscava um trabalho nos EUA. Ele era extremamente inteligente e bem-preparado. Com certeza teriam muitas empresas interessadas nele. Ele me respondeu apenas:

"a empresa está pagando meu MBA". E eu disse: "mas isso não é um problema. Conheço diversas empresas que, para lhe contratar, reembolsariam todo o valor que a sua empresa pagou pelo MBA, como um bônus de entrada" (isso era relativamente comum acontecer, principalmente dentre as grandes consultorias de gestão).

Koji olhou para mim e disse: "mas se eu fizer isso estaria quebrando a confiança que a empresa depositou em mim e as próximas gerações não teriam a mesma oportunidade que estou tendo de estudar nos EUA". Senti-me um mercenário e meio envergonhado. Simplesmente disse a Koji que fazia sentido.

Confesso que aquela resposta me fez repensar muita coisa. Para muitos de nós aquilo poderia parecer estranho, mas em uma cultura em que o respeito à palavra e o senso de comunidade era tão enraizado, isso fazia perfeito sentido. De certa maneira, o que Koji me disse desafiava o senso comum. Bom, Koji retornou ao Japão e continuou trabalhando duro na empresa que lhe proporcionou tanto. Até que... começou a questionar aquele paradigma de trabalho duro. Mantendo suas convicções de respeito à palavra e senso de comunidade, Koji, após uma transição bem planejada, saiu de seu emprego anterior.

A verdade é que ele também percebeu que aquela noção de trabalho duro, que funcionou muito bem nas décadas passadas, não era mais compatível para uma vida plena e bem-sucedida no novo mundo e, principalmente, no futuro que nos aguardava. Quase vinte anos depois de termos concluído nosso MBA, quando falo com Koji já fica claro que, mesmo no Japão, as coisas estão mudando. As pessoas de sucesso lá também estão começando a incorporar o conceito das *atitudes extraordinárias,* buscando formas alternativas de trabalho para atingir sucesso. Ah, atualmente Koji trabalha em uma empresa bem mais moderna, está casado, tem quatro filhos e consegue chegar em casa em um horário razoável para passar um tempo de qualidade com sua família. E ainda retomou um dos seus hobbies favoritos, que tinha a oportunidade de praticar quando morávamos nos EUA. Ele voltou a jogar golfe.

De certa maneira, todos nós fomos criados em culturas similares em que "o trabalho enobrece o homem". Que fique claro que em momento algum estou advogando que não precisamos nos dedicar muito para atingir algo. Isso é uma premissa básica. O que defendo é que existe um limiar em que maior dedicação não significará maiores conquistas e é justamente aí que a capacidade de trabalhar de maneira mais inteligente entra em ação.

Bill Gates trabalha muito porque gosta do que faz, mas maximiza cada minuto trabalhado potencializando seus resultados. Para chegar ao conceito da semana de quatro horas, Tim Ferriss trabalhou muito, mas, mais uma vez, buscou potencializar seu trabalho para criar o conceito inovador.

A "Lei do Rendimento Decrescente",[41] exemplificada de uma maneira simples no gráfico a seguir, para as variáveis "tempo dedicado" e "resultado obtido" mostra que o impacto da quantidade de tempo dedicado *versus* o resultado obtido não é linear. Ou seja, a partir de um certo ponto na curva, para se obter o mesmo nível de resultado é necessário investir muito mais tempo até um ponto que mais dedicação não aumenta o resultado.

Indo além, o gráfico mostra que a partir de um ponto "A" não existe mais impacto do tempo dedicado no resultado obtido e, continuando com esse esforço, o retorno começa a ficar negativo. Se pensarmos em uma pessoa que trabalhe vinte horas por dia, pode ser que no primeiro ou segundo dia ela consiga ser bem produtiva, mas garanto que a partir do terceiro dia isso mudará drasticamente e, provavelmente, a partir do quarto dia, nada do que ela fizer terá qualquer resultado positivo. Mais

---

[41] CFI. **Point of diminishing returns**. Disponível em: https://corporatefinanceinstitute.com/resources/knowledge/economics/point-of-diminishing-returns/. Acesso em: fev. 2021.

do que isso, se a pessoa continuar nesse ritmo, ficará doente e terá que se afastar do trabalho, tornando o resultado exponencialmente negativo.

RELAÇÃO ENTRE O TEMPO DEDICADO E O RESULTADO OBTIDO

TRABALHO CARO?

O capitão de um navio de carga estava com um problema sério. Não conseguia fazer os motores do navio funcionarem e, portanto, estava perdendo dinheiro a cada dia que permanecia ancorado no porto. Após algumas tentativas malsucedidas de resolver a situação internamente, usando os técnicos em reparos da sua tripulação, resolveu chamar um técnico externo, especialista nesse tipo de reparo.

O profissional chegou ao local e começou a desmontar as peças do motor que não funcionavam. Foi um trabalho de horas. Não conseguindo encontrar a causa do problema, disse ao capitão que voltaria no dia seguinte para aprofundar sua investigação. Após uma semana montando e desmontando o motor, sem nenhum avanço, o capitão perdeu a paciência. Pagou os dias de trabalho do técnico (R$300 por dia – total R$2.100) e o dispensou.

Algum tempo depois, o capitão recebeu a indicação de um hábil engenheiro que com certeza conseguiria resolver a situação. O valor de sua diária era bem mais alto – R$ 1.500. Mas o capitão estava perdendo muito mais dinheiro do que isso a cada dia que o navio ficava ancorado no porto. Portanto, mandou chamar o engenheiro às pressas.

O profissional chegou ao local e começou a conduzir diagnósticos no motor problemático. Passou o dia todo fazendo todas as avaliações possíveis, mas nada de resolver o problema. Não conseguindo encontrar a causa do dano, disse ao capitão que voltaria no dia seguinte para aprofundar sua investigação. Após três dias conduzindo testes no motor sem avançar, o capitão mais uma vez perdeu a paciência. Pagou os três dias de trabalho do engenheiro, o que lhe custou mais que o dobro do custo do técnico (R$1.500 por dia – total de R$4.500) e o dispensou.

Já desesperado, o capitão recebeu uma nova indicação, desta vez de um experiente consultor que tinha a reputação de resolver qualquer problema e, portanto, com certeza conseguiria solucionar a situação. Esse consultor não cobrava por diárias, mas um valor fixo pelo trabalho. Diziam que ele cobrava bem caro. Mas como o capitão não podia mais esperar... nem quis saber o preço.

— Chamem esse homem imediatamente! — gritou o capitão para um dos integrantes da sua tripulação.

O profissional chegou ao local e começou a olhar o motor. Ficou apenas olhando por vinte minutos sem emitir um único som. Quando o capitão, que já estava ansioso, ia perguntar por que ele só ficava olhando, o consultor colocou sua valise ao lado do motor e a abriu. Olhou atentamente para uma série de ferramentas que possuía em sua valise e retirou um martelinho de aproximadamente 15 centímetros. Lustrou o objeto com uma flanela e o pequeno martelo ficou com um brilho impecável. Mirou bem no centro de uma das válvulas do motor e *paft*! Deu uma martelada certeira na válvula do motor. Em poucos segundos, o motor voltou a funcionar. O capitão, agora sorridente, agradeceu e tratou de se preparar para zarpar. Antes de deixar o local, o consultor deixou com um membro da tripulação um envelope com a nota fiscal incluindo os dados de sua conta bancária para que o depósito fosse feito. Quando o capitão viu a nota, teve um choque.

— R$ 100 mil?! Isso é um absurdo — esbravejou o capitão. — Peça a esse consultor que entregue uma descrição detalhada dos serviços que justifique este valor — demandou de seu ajudante.

O consultor, sem hesitar, enviou o descritivo dos valores dos produtos e serviços:

- Martelinho: R$ 10,00
- Saber onde martelar: R$ 99.990,00

Esta anedota, que, de maneira bem-humorada tenta justificar o alto valor cobrado por consultores em geral, possui uma moral mais profunda; exemplifica a diferença entre "trabalho inteligente" *versus* "trabalho duro". Não é que o consultor não tenha trabalhado muito para ter atingido o nível de *expertise* que atingiu. Porém, como sempre se focou em trabalhar de maneira inteligente, foi exponencializando sua efetividade, o que culminou até nessa incrível capacidade de conseguir resolver o problema em tão pouco tempo.

Quando eu ministro uma palestra, o valor que recebo por "apenas" alguns minutos de trabalho pode parecer injustificável para observadores menos atentos. Porém, eu, como qualquer outro palestrante competente, desenvolvi a capacidade de acertar na "válvula correta" em muito pouco tempo. O político norte-americano Woodrow Wilson (1856-1924) dizia: "se eu for falar por dez minutos, preciso de uma semana de preparação; se 15 minutos, três dias; se meia hora, dois dias; se uma hora, estou pronto agora."

UM MÉTODO PARA TRABALHAR DE MANEIRA MAIS INTELIGENTE

▶ Use as métricas corretas

Quando você estava no colégio ou na faculdade, provavelmente ouvia algum colega reclamar da injustiça de ter tirado uma nota baixa em alguma prova, já que a pessoa havia estudado muitas horas se preparando para a tal avaliação. Lembro-me, na época do colégio, que em alguns testes mais difíceis ficávamos comparando quantas horas cada um havia estudado, se preparando para aquela prova. Sim, a quantidade de horas estudadas para se preparar para uma avaliação é uma métrica que, sem dúvida, deve ser considerada. Porém, de longe, não pode ser considerada a métrica mais importante.

Por exemplo, nesse caso, uma métrica mais relevante seria, após ter estudado, quantas potenciais perguntas a pessoa respondeu de maneira correta sobre a matéria em questão. Veja que isso é mais importante do que o número de horas estudadas porque mede *resultado* e não apenas esforço. Para algumas pessoas, duas horas de estudo serão suficientes para responder de maneira correta 80% das potenciais perguntas em um simulado. Para outras, serão necessárias mais ou menos horas de estudo para atingir a mesma porcentagem de respostas corretas.

Obviamente existe uma relação entre horas de estudo e capacidade de responder as questões, porém não é uma relação linear. Existem diversas variáveis individuais, como capacidade de concentração, capacidade de entendimento do que é lido, capacidade de memorização etc., que podem entrar na relação "horas de estudo *versus* respostas respondidas corretamente" e produzir resultados diferentes.

Esse conceito se aplica a tudo que fazemos no mundo dos negócios. É claro que é importante medir quantas visitas um vendedor faz em média por mês para conseguir novos clientes. Esse número nos indicará uma porcentagem de conversão dessas visitas e teremos dados para saber se um vendedor está abaixo ou acima da média.

Mas como seria insensato medir o sucesso desse vendedor pelo número de visitas e não pelo resultado de suas vendas, também é imprudente medirmos nossa maneira de trabalhar por quanto tempo trabalhamos (ou passamos no escritório) e não pelo resultado tangível que nosso trabalho gera. Por isso, reveja as métricas que está usando para medir seu sucesso profissional e, se necessário, crie outras métricas que estejam mais alinhadas ao conceito de trabalho inteligente.

▶ Priorize o que realmente importa

Muitas vezes entramos em "espirais sem fim" debatendo algo que não é tão relevante para a conclusão de um projeto, como o tipo de fonte de uma apresentação. Existem centenas de tipos de fontes e se fôssemos experimentar todos os tipos, não passaríamos da primeira sentença. Obviamente que em um *banner* ou peça publicitária em geral, essa questão é muito mais importante, porém, estou me referindo aqui às questões do dia a dia. Podemos estar absolutamente focados naquilo que estamos fazendo, mas existe a possibilidade de ser um foco desperdiçado.

Para poder entender o que realmente importa em um projeto e não se desviar no meio do caminho, utilize três perguntas-chave: "por quê?", "para quem?" e "para que?". Por exemplo, pesquisando sobre a relação entre estratégia e execução em empresas, encontrei estatísticas contundentes que demonstravam que quando uma estratégia falhava, em até 90% dos casos, o principal motivo era justamente uma execução deficitária. Portanto, pensei em criar uma palestra sobre esse tema.

Pensando sobre a minha palestra como um projeto, a primeira pergunta era: "*por que* faria sentido criar uma palestra como essa?". A resposta era clara, baseada nas estatísticas que mencionei. *Para quem* esse tipo de palestra interessaria? Líderes empresariais em geral são responsáveis por transformar estratégias em execução nas empresas, então esse era o público para essa palestra.

Finalmente, faltava o *para que* criar essa palestra. Respondendo a essa pergunta de maneira bem simples, essa palestra auxiliaria esses líderes empresariais a melhorarem a capacidade de execução em suas empresas, ou seja, ajudaria eles a fecharem o *gap* que existe entre estratégia e execução. Todas as tarefas que eu começava a desenvolver que, por acaso, não estivessem alinhadas a responder essas três perguntas eram questões secundárias e, portanto, eu deveria sempre voltar ao meu foco do que realmente importava.

▶ Aplique o conceito da Navalha de Occam

Se você acordar pela manhã e encontrar a calçada molhada, provavelmente atribuirá a presença de umidade à chuva ou ao orvalho em vez de imaginar que um caminhão-tanque tenha percorrido sua vizinhança à noite, deixando um rastro de água. Embora aparentemente intuitivo, nossa apreciação por explicações simples em vez de explicações desnecessariamente complicadas é, na verdade, um princípio filosófico chamado *Navalha de Occam*. Atribuída ao teólogo e filósofo franciscano medieval William de Occam (1285-1347), a Navalha de Occam é um conceito empregado em uma ampla gama de disciplinas, desde interpretações de textos religiosos até Física e Medicina. Em geral, o princípio afirma que quando todos os outros elementos são iguais, uma teoria simples é melhor do que uma mais complicada.[42]

Muitos cientistas adotaram ou reinventaram a Navalha de Occam, como o polímata alemão Leibniz (1646-1716) e o físico e matemático inglês Isaac Newton (1643-1727). A declaração mais útil do princípio para os cientistas é "quando você tem duas teorias concorrentes que fazem exatamente as mesmas previsões, quanto mais simples, melhor". O físico austríaco Ernst Mach (1838-1916) defendeu uma versão da Navalha de Occam que chamou de "princípio da economia", afirmando que "os cientistas devem usar os meios mais simples de chegar aos seus resultados e excluir tudo o que não é percebido pelos sentidos".[43] O princípio

---

[42] ZANG, B. Is Occam's razor always true? **Encyclopædia Britannica**. Disponível em: https://www.britannica.com/story/is-occams-razor-always-true. Acesso em: jan. 2021.

[43] GIBBS, P.; Hiroshi, S. (atualização). What is Occam's razor? **The Physics and Relativity FAQ**, 1996; 1997 (atualização). Disponível em: https://math.ucr.edu/home/baez/physics/General/occam.html. Acesso em: jan. 2021.

já foi questionado do ponto de vista acadêmico, porém, eu o utilizo frequentemente de maneira geral e, especificamente, pude comprovar sua eficácia ao utilizá-lo aplicado à gestão de *startups*.

Por exemplo, se um produto ou serviço não está alcançando bons resultados em suas vendas, antes de fazer conjecturas mirabolantes sobre os motivos para isso estar acontecendo, atue em possibilidades mais pragmáticas, como simplesmente avaliar a realização de um teste alterando o preço do produto. Ou também considere o fato de não haver demanda para aquele produto. Já vi casos de empreendedores que ficaram anos reestruturando ou reformulando seus produtos incontáveis vezes baseados em teorias supersofisticadas que eles mesmo criavam para explicar o insucesso de seus produtos no mercado. Em muitos desses casos, a pura e simples realidade era que não existia demanda para tais produtos.

De maneira mais "poética", existe um princípio popular usado pelos norte-americanos conhecido como *KISS*: *keep it simple, stupid* (algo como: "simplifique, estúpido"). Esse conceito é uma alusão à máxima de Albert Einstein de que "tudo deve ser feito da forma mais simples possível, mas não mais simples que isso". Conceito também expressado pelo escritor e aviador francês Antoine de Saint-Exupéry (1900-1944): "A perfeição não é alcançada quando já não há mais nada para adicionar, mas quando já não há mais nada que se possa retirar".

▶ Crie uma lista "to don't"

Todos nós já criamos listas do tipo "*to do*" ("para fazer"), pois nos mantêm organizados e cada vez que realizamos um item da lista, temos uma sensação de dever cumprido. Porém, a maioria dessas listas não mede a relevância dos itens e, muitas vezes, ficamos completando um monte de tarefas que poderiam ser postergadas, delegadas ou até mesmo nunca executadas. Por isso, a dica aqui é, além de criar a sua tradicional lista "*to do*", formule também uma lista "*to don't*".

Nessa lista você vai incluir coisas que *não deve fazer* porque ou não são relevantes, ou não agregam valor, ou alguém poderia fazer por você. Para criar essa lista, faça um inventário de todas as atividades que tem feito e não agregam valor, como checar as redes sociais vinte ou mais vezes por dia, abrir vídeos do WhatsApp, conversar com atendentes de telemarketing que ligam para vender algo e assim por diante. Coloque essas atividades em sua lista *"to don't"* e comece a trabalhar de maneira mais inteligente.

PRINCÍPIO 9 – CELEBRAR ERROS

"A experiência é o nome que damos aos nossos erros."
Oscar Wilde (1854-1900), poeta, escritor e dramaturgo irlandês.

O pequeno Samuel desde cedo mostrava determinação em tudo o que fazia. Era um estudante aplicado e, ainda na oitava série, tornou-se o mais jovem escoteiro na história do estado do Missouri, nos EUA. Mais adiante se tornou presidente do corpo de estudantes e, em 1940, formou-se em Economia. Em 1945, após ter retornado do serviço militar durante o período da Segunda Guerra Mundial, já casado, ele pediu dinheiro emprestado de seu sogro para comprar uma pequena franquia da loja de variedades Ben Franklin.

Quando assinou o contrato de aluguel do imóvel da loja, Samuel não se atentou ao fato de que, em uma das cláusulas, o proprietário do imóvel poderia pedi-lo de volta, independentemente de Samuel cumprir religiosamente com suas obrigações financeiras. Samuel se mostrou muito habilidoso na gestão daquela loja e o negócio prosperou. Porém, aquela cláusula do contrato veio à tona inesperadamente quando, no auge do sucesso da loja, o proprietário pediu o imóvel de volta. E assim sendo, Samuel foi "para a rua". Mas isso não o desanimou; pelo contrário, foi um fator motivador para que buscasse o sucesso com mais afinco. Abriu outras lojas e, em 1962, junto com seu irmão, fundou na cidade de Rogers, estado do Arkansas, sua própria loja.

==Abriu outra loja da sua própria rede e mais outra e... mais centenas de lojas no mundo inteiro. O pequeno Samuel era nada mais, nada menos que Sam Walton, o fundador da Walmart.== No ano de seu falecimento, em 1992, a Walmart era a maior rede varejista do mundo, com 1.735 lojas. O grupo empregava 380 mil pessoas e tinha um faturamento anual de quase 50 bilhões de dólares. Atualmente, a empresa continua sendo a maior rede varejista do mundo. De acordo com a lista Fortune Global 500 de 2019, a Walmart é também a maior empresa do mundo em faturamento anual – aproximadamente 515 bilhões de dólares. A rede possui 11.503 lojas e emprega mais de 2 milhões de pessoas.

Nunca saberemos se Sam Walton teria o mesmo sucesso que teve se tivesse permanecido na primeira loja que comprou, mas o ponto de interesse aqui é que os erros que cometemos são fundamentais para nossas trajetórias. Erros são os verdadeiros aceleradores de aprendizado. Existem centenas de histórias como essa em que um pequeno (ou, às vezes, um grande) erro levaram pessoas a descobrir incríveis invenções, como no caso da descoberta da penicilina, do Post-it e assim por diante. A busca pelo conhecimento está pavimentada por erros, como ilustra a seguir esta anedota anônima:

— Mestre, como faço para me tornar um sábio?

— Boas escolhas.

— Mas como fazer boas escolhas?

— Experiência.

— E como adquirir experiência, mestre?

— Más escolhas.

==Todos nós já cometemos erros em diversas áreas e fases da nossa vida. Se alguém lhe disser que nunca cometeu um erro, fuja imediatamente! As únicas alternativas são que ou essa pessoa é mentirosa, ou uma psicopata. Já que todos erramos, a diferença daqueles que usam os erros para acelerar seu processo de aprendizagem está mais uma vez no *mindset*.== Não tem nada a ver com ser masoquista, mas com o conceito de que quanto mais erros se comete no começo de algum projeto, por definição, as chances de posteriormente se cometer os mesmos erros e/ou erros similares é muito menor. Além disso, quanto mais cedo você identifica seus erros, menos impacto eles causarão. Imagine que você está saindo de férias de carro e, de repente, pega uma estrada errada. Se identificar esse erro logo no começo, poderá corrigir seu percurso, causando o mínimo de transtorno. Além disso, você redobrará a atenção aos sinais da estrada, ou provavelmente usará um aplicativo como o Waze para não se perder novamente. No entanto, se perceber o erro somente bem mais adiante, o estresse será muito mais alto. Na cultura judaica, quando alguém deixa cair um prato ou copo que se espatifa no chão, é comum se dizer "*maz'l tóv*!", que literalmente significa "boa sorte" em hebraico, uma frase usada no contexto de se desejar felicidades ou dar os parabéns. Como esse acidente pode ser considerado má sorte (ou apenas um "pequeno erro"), a ocorrência é celebrada porque a pessoa não "desperdiçou" sua sorte com algo mais relevante (um "grande erro").

"OLHO GRANDE"

Em outros livros, já apresentei uma série de erros que cometi nas minhas diversas áreas de atuação, mas até agora tinha deixado de fora o, talvez, maior de todos. Navegando pelo mundo de *startups*, conheci um investidor que chamarei aqui de Ivan. Ele foi apresentado para mim por uma pessoa que conhecia e a primeira reunião que fiz com ele foi em um belo escritório na avenida Faria Lima, em São Paulo, que pertencia ao fundo de investimentos do qual ele era sócio. O motivo da nossa reunião foi para discutir a potencial venda de uma empresa em que eu tinha uma participação societária para o fundo deles. Após esse primeiro contato, nos reunimos diversas vezes para nos aprofundarmos na discussão da possível venda da empresa. Porém, as tratativas não evoluíram e cada um seguiu para o seu lado.

De tempos em tempos, Ivan me chamava para almoçar e fomos desenvolvendo certa amizade. Passados três anos do nosso primeiro contato, ele me ligou dizendo que tinha saído da sociedade em que estava e havia aberto seu próprio fundo. Disse que queria minha ajuda com algumas questões na gestão do fundo e conversamos sobre isso em algumas ocasiões, mas sem evoluir para nada concreto. Então, certa vez, Ivan me ligou dizendo que precisava me apresentar uma grande oportunidade de negócio na área de *fitness* e que, se eu topasse entrar, ele já tinha outros investidores alinhados, inclusive ele mesmo seria o maior investidor.

Analisei o potencial negócio e a cada dificuldade que eu via no possível sucesso da empreitada, Ivan dava um jeito de resolver. Por exemplo, após o capital inicial ser investido, precisaríamos de um valor bem mais alto para poder fazer o negócio decolar. Sem problemas! Caso nós fôssemos bem-sucedidos com o início da operação, ele já tinha uma carta de intenção de um grande investidor alinhado para fazer a segunda rodada de investimentos. Mas também precisaríamos de um canal de distribuição para as primeiras unidades do produto. Sem problemas! Ele me apresentou outra carta de intenção de um distribuidor que se interessaria em colocar o produto em algumas de suas lojas como teste. Enfim, parecia que o plano estava bem amarrado.

Bem, quando a operação começou, tudo corria bem, até que pedi para ele me apresentar o primeiro relatório da evolução do negócio (basicamente, eu só queria ver como estava sendo investido o valor inicial que todos os investidores aportaram com os respectivos comprovantes de gastos). Estranhamente, cada vez que pedia informações, ele me dava uma desculpa diferente e não me apresentava documento algum. Já cansado de esperar, enviei um e-mail à Fabíola, que era a responsável pela implementação do negócio, pedindo as mesmas informações de como o dinheiro estava sendo investido. Para a minha surpresa, ela respondeu: "dinheiro? Que dinheiro? O Ivan me disse que ainda estamos esperando que os investidores façam os aportes". Imediatamente liguei para ela, pensando que o e-mail se tratava de uma brincadeira de muito mau gosto. Porém... não era brincadeira.

Depois da minha conversa com a Fabíola, liguei para o rapaz, esperando haver alguma explicação plausível para aquela situação. Mas ele simplesmente me disse que ela era "louca" e que ele havia feito todos os depósitos. Obviamente, me garantiu que enviaria todos os comprovantes de depósito. Porém, nunca recebi tais comprovantes.

Com algumas informações adicionais em mãos, havia ficado claro, para o meu terror, que Ivan havia falsificado todos os documentos. Desde as cartas de intenção de pessoas do mercado, as quais ele claramente falsificou a assinatura, até documentos do banco. Investigando mais, descobri que ele nunca tinha sido sócio do fundo como alegava ser, mas de uma pequena empresa em que o fundo tinha investido (por isso ele ficava no mesmo escritório). Em resumo, por três anos aquele indivíduo mentiu sobre tudo da sua vida para mim e eu acreditei nele a ponto de colocar em sua mão uma quantia razoável de dinheiro. Imagine a minha sensação quando descobri toda a farsa!

Por muita sorte, consegui descobrir o golpe antes que ele desaparecesse com o dinheiro de todos e, felizmente, conseguimos reaver o investimento. É óbvio que fiquei satisfeito de ter podido reaver o dinheiro que investi, mas o estrago que esse indivíduo causou foi muito

Já que todos erramos, a diferença daqueles que usam os erros para acelerar seu processo de aprendizagem está, mais uma vez, no *mindset*.

maior do que o financeiro. Por um bom tempo me senti o ser mais ingênuo da face da Terra... perdi a confiança nas pessoas... e confesso que perdi a vontade de fazer novos projetos que envolvessem qualquer outra pessoa.

Felizmente o tempo passou e as coisas voltaram ao normal. No livro *Mentes perigosas*,[44] a autora Ana Beatriz Barbosa Silva explica como psicopatas têm uma capacidade ímpar de enganar as pessoas sem sentir remorso algum. Ela menciona que, independentemente da situação, por onde passam, sempre deixam um rastro de destruição. Provavelmente eu lidei com um psicopata que também causou muitos estragos.

Refletindo sobre toda essa situação, a maior lição que pude tirar é relativamente simples... Sim, Ivan era um mentiroso compulsivo, um provável psicopata e, claramente, um criminoso. Mas, de certa maneira, eu me deixei enganar. Como dizem no linguajar popular, fiquei com "olho grande" ao me deparar com aquela "fantástica" oportunidade e deixei de analisar as questões com mais racionalidade. Se antes de me envolver em qualquer negócio com Ivan, eu tivesse pedido uma simples análise do CPF dele, teria visto que tinha pendências financeiras incompatíveis com alguém que era sócio de um fundo de investimentos. Mas fiquei cego pela ambição e perdi minha capacidade de julgamento. Fui ingênuo por um lado, mas arrogante por outro, ao pensar que eu era "muito esperto e experiente" para ser enganado. Claro que preferiria nunca ter passado por isso, mas talvez se isso não tivesse ocorrido, poderia existir a chance de eu me envolver em uma situação como essa no futuro, e os estragos poderiam ser muito maiores.

---

[44] SILVA, A. **Mentes perigosas**: o psicopata mora ao lado. Rio de Janeiro: Principium, 2018.

UM MÉTODO PARA TRANSFORMAR ERROS EM SUCESSO

▶ **Se você não fizer nada errado, não fará nada certo!**

Mais de um milênio antes do filósofo francês René Descartes (1596-1650) escrever a famosa frase "penso, logo, existo", o teólogo e também filósofo Santo Agostinho (354-430) escreveu em latim: *"fallor, ergo, sum"*, que significa: "erro, portanto, sou". A obra de Santo Agostinho é muita rica e, portanto, vale a pena ser estudada a fundo. Para o nosso propósito aqui, somente quero trazer a reflexão de que um pensador do porte de Santo Agostinho já reconhecia o erro como uma premissa da existência humana.

Extrapolando esse conceito, o único jeito de não fazer nada errado é *não fazer nada*. Se alguém nunca erra, é porque não faz nada e, portanto, também nunca acerta. Por associação lógica, se alguém não faz nada errado, também não faz nada certo! Portanto, da próxima vez que reconhecer algum erro seu, celebre, pois esse erro é uma prova de que você também faz as coisas certas.

▶ **Faça uma análise *post-mortem***

Para que o erro tenha "valido a pena", é fundamental que você entenda o que deu errado. Conceitualmente, é melhor você errar e saber por que errou do que acertar sem saber por que acertou. Simplesmente porque "acertar sem saber o porquê" pode lhe dar uma falsa impressão de que você continuará acertando indefinidamente. Para entender o que aconteceu de errado, você pode fazer uma simples reflexão (o que sempre ajuda). Mas aqui quero lhe passar algo mais metodológico (o que é conhecido como análise *post-mortem*), porém, ainda simples e direto, para que você possa aprofundar seu entendimento do erro. Responda da melhor maneira que conseguir às seguintes três perguntas:

1 **O que aconteceu de errado?**

Por exemplo, se você percebeu ou recebeu um feedback de que uma apresentação que você fez não estava boa, a resposta, nesse caso, seria simplesmente: "não fiz uma boa apresentação".

2 **Quais são as principais hipóteses para o erro ter ocorrido?**

Continuando com o exemplo da apresentação, uma hipótese poderia ser que você ficou nervoso. Outra poderia ser que você não tenha tido tempo suficiente para se preparar adequadamente. Uma terceira hipótese poderia ser que você não conhecia bem o assunto que estava apresentando. Enfim, podem existir diversas hipóteses e até mesmo uma combinação de uma ou mais.

3 **O que devo fazer para que erros como esses não voltem a ocorrer?**

Baseado nas hipóteses que você levantou, agora é hora de pensar em maneiras de prevenir um erro igual, ou similar, no futuro. Se você chegou à conclusão de que, por exemplo, "não teve tempo suficiente para se preparar adequadamente", então já sabe que precisará de mais tempo de preparação para uma futura apresentação. Se o problema decorreu do seu nervosismo, então mais prática e talvez algum curso ou mentor poderá lhe ajudar com isso. Se você não conhecia bem o assunto e não teria tempo para aprofundar o seu conhecimento, talvez o aprendizado aqui seja de que você deveria ter dito "não" à possibilidade de fazer tal apresentação. Obviamente, nem sempre isso é possível, mas saber falar *não* também é um aprendizado importante que tiramos de muitas experiências em que cometemos erros.

▶ Aprenda com os erros que você não enxerga

Na Segunda Guerra Mundial, o matemático húngaro Abraham Wald (1902-1950) fazia parte de um grupo que tinha como tarefa decidir em que partes dos aviões deveria ser aplicada fuselagem extra para protegê-los dos ataques dos nazistas. Para isso, analisavam a localização dos furos de bala nos aviões. Usando uma visão comum, a conclusão mais óbvia era de que deveriam ser reforçadas essas partes dos aviões, que estavam sendo baleadas, já que havia evidências de que aquelas áreas eram as mais comumente atingidas.

No entanto, Wald possuía uma *visão extraordinária*. Ele acreditava que a solução estava no fracasso dos pilotos que não retornavam à base. Aqueles "fracassos" eram a chave para solucionar a questão. Ele alertou para os fatores que não estavam sendo vistos na análise, o que também ficou conhecido na ciência como "viés de sobrevivência" (um tipo de viés de seleção que consiste no erro lógico de nos concentrarmos em coisas ou pessoas que sobreviveram a algum processo enquanto ignoramos aqueles que foram eliminados devido à sua falta de visibilidade). Em outras palavras, os dados tratavam apenas dos aviões que retornavam à base e nada se sabia sobre aqueles que eram derrubados.

Com isso em mente, Wald sugeriu algo inusitado. Recomendou que fossem feitos reforços e blindagem adicional em diversas áreas das aeronaves, *exceto* nas áreas atingidas com mais frequência pela artilharia inimiga. Se os aviões eram atingidos quase sempre no mesmo lugar e conseguiam voltar para a base, então não eram essas avarias que os derrubavam e, sim, os buracos de bala em áreas distintas àquelas dos aviões que retornavam. Sua justificativa era de que quase sempre temos a falsa percepção de enxergar o que deve ser feito pelo viés do que parece ser correto e não consideramos que o erro adota o mesmo padrão. Wald estava correto. Sua recomendação foi fundamental para diminuir o número de aviões abatidos.

▸ Abrace seus erros

A autodenominada "errologista" Kathryn Schulz apresenta uma palestra no Ted Talks[45] na qual argumenta que temos que ir além de apenas admitirmos que erramos e também "abraçarmos" nossa falibilidade. Ela nos convida à seguinte reflexão: "o que sentimos quando estamos errados?". As respostas mais comuns são: "para baixo", "chateado", "estúpido" e coisas do gênero. Porém, Kathryn nos alerta para o fato de que quando estamos errados, na verdade, não sentimos nada. Somente nos sentimos "mal" quando *descobrimos* nossos erros. Como naquele clássico desenho do Papa-Léguas em que o coiote muitas vezes o perseguia até perceber que não tinha mais chão sob seus pés. Isso ocorria porque o coiote tinha acabado de seguir o Papa-Léguas para fora de um penhasco. Porém, o coiote somente caía e se espatifava no chão quando olhava para baixo e *percebia* que estava no ar.

Na verdade, antes de percebermos que estamos errados, por definição, pensamos que estamos certos e, como o mundo dos humanos não é igual ao dos desenhos animados, o potencial de cairmos do penhasco e realmente nos espatifar é real. **Por isso, cada vez que descobrimos que estamos errados devemos realmente celebrar, pois, felizmente, o descobrimento do erro nos previne de cair do penhasco.** Indo além, é preciso manter a mente aberta para sempre admitir a possibilidade de que possamos estar errados em algo. Isso nos fará reconhecer nossos erros mais facilmente e rapidamente.

---

45 SCHULZ, K. SOBRE ESTAR ERRADO. 2011. Vídeo (17min45s). TED. Disponível em: https://www.ted.com/talks/kathryn_schulz_on_being_wrong?language=pt-br. Acesso em: 17 mar. 2021.

PRINCÍPIO 10 - TORNAR-SE DESNECESSÁRIO

"O maior impacto da liderança será medido na ausência do líder."

Renato Grinberg

==Neste décimo e último princípio veremos mais um paradoxo que, inicialmente, pode parecer o mais estranho de todos. Como assim me tornar desnecessário para ter mais sucesso?== "Se eu for desnecessário, perderei meu emprego ou minha empresa nunca irá decolar". Esse é o pensamento mais comum da grande maioria das pessoas, porém, aqueles que navegam no universo das *atitudes extraordinárias* entendem que precisam se tornar desnecessários para atingir algo maior.

"Vemos nas estrelas, majestade, que está para nascer um menino que libertará todos os escravos hebreus e os tirará do Egito." Após ouvir essa previsão dos seus magos conselheiros, o faraó ordenou que todos os bebês hebreus, do sexo masculino, fossem assassinados. Para salvar seu filho, uma mãe hebreia desesperada colocou o bebê em uma cesta de madeira e o lançou nas correntezas do rio Nilo, com a esperança de que alguma mulher egípcia o resgatasse e cuidasse dele como seu próprio filho. E foi assim que se sucedeu. No entanto, a mulher que resgatou o pequeno bebê não era uma mulher egípcia qualquer, mas, sim, a princesa Batia, a filha do faraó. Ela o batizou de Moisés.

O menino cresceu com todas as regalias de um membro da família do faraó e se tornou um jovem respeitado por todos os egípcios. Porém, quando chegou à idade adulta, começou a questionar o porquê de existirem escravos. Ver o sofrimento daquele povo o incomodava profundamente. Seus questionamentos se intensificaram até que ele descobriu sua verdadeira origem, que se ele não tivesse sido adotado pela filha do faraó, também seria um escravo ou teria sido morto pela ordem do faraó. A cada dia que passava, Moisés se sentia mais incomodado ao ver como os guardas do faraó tratavam de maneira tão desumana os escravos hebreus.

Certo dia, Moisés se deparou com um guarda chicoteando um dos escravos que estava trabalhando e, sem pensar duas vezes, interveio para que ele parasse com aquela barbaridade. Os dois acabaram discutindo e aquilo escalou para uma luta corporal, na qual Moisés acabou, acidentalmente, matando o guarda. Após o incidente, Moisés fugiu das terras do faraó. Ali "nascia" um dos primeiros grandes líderes da humanidade.

Passados alguns anos, Moisés retornou ao Egito para libertar seu povo. Primeiramente, foi conversar com o faraó para pedir que ele libertasse o povo hebreu do cativeiro. Mas, como era de se esperar, o faraó negou seu pedido. Moisés não desistiu. Voltou diversas vezes para negociar com o faraó.

As terras do Egito foram acometidas por pragas, cada uma pior que a outra, até que o faraó concordou em libertar os escravos. Mas, em um momento de fúria, o faraó voltou atrás em sua decisão e ordenou aos seus soldados que matassem todos os escravos que se atrevessem a sair das suas terras. No episódio, conhecido como a abertura do mar Vermelho, Moisés conduziu seu povo através de uma passagem aberta no meio do mar. Em certo ponto, a maré subiu e a passagem pelo mar desapareceu, matando afogados todos os soldados egípcios que os perseguiam.

Por quarenta anos Moisés conduziu seu povo através do deserto para a chamada "terra prometida", onde eles finalmente poderiam viver em paz e harmonia. Não foi uma jornada fácil. Como podemos imaginar, todos tiveram que se adaptar a uma vida nômade de sacrifícios diários, o que criou muita animosidade e, em certas instâncias, a liderança de Moisés foi questionada por aqueles que já não aguentavam mais aquele calvário. Mas como todos os grandes líderes, Moisés seguiu fiel à sua missão de conduzir seu povo a um novo lar. Moisés também teve a humildade de escutar conselhos de pessoas mais experientes e com a ajuda de seu sogro, Jetro, criou uma espécie de "comitê de líderes" para que pudesse delegar certas decisões. Tal decisão se mostrou fundamental para preparar os futuros líderes da terra prometida, pois, chegando ao local de destino... Moisés faleceu. Porém, o legado de Moisés continuou por meio de outros líderes, como Josué, e a nação de Israel cresceu e prosperou.

Essa é uma passagem bíblica muito conhecida e, obviamente, muito mais rica em detalhes do que narrei aqui. Dependendo das suas convicções religiosas, você pode encarar a história do ponto de vista dos milagres divinos que levaram Moisés a atingir sucesso em sua missão, como as dez pragas do Egito, a abertura do mar Vermelho e a própria existência de uma terra prometida. Ou, se você for mais cético, poderá encarar essa história como a trajetória de um líder inabalável cumprindo com o que considerava ser sua missão de libertar o povo hebreu da escravidão no Egito. Independentemente de como você encarar essa passagem bíblica, as lições de liderança se mantêm preservadas.

Desde a "liderança servidora" que Moisés apresentou colocando os interesses de seus liderados acima dos seus interesses, de arriscar o seu próprio bem-estar e integridade física para proteger aqueles que não podiam se defender, da incrível resiliência, enfrentando a tirania do faraó, até uma longa jornada por terras inóspitas, onde, inclusive, por diversas ocasiões foi questionado por seus liderados se realmente estavam seguindo para uma vida melhor do que eles tinham no Egito (mesmo como escravos). Dessas e de muitas outras lições de liderança que podemos tirar dessa passagem bíblica, o que quero destacar aqui é que Moisés se tornou "desnecessário" quando cumpriu sua missão. Em outras palavras, construiu um legado forte o suficiente para que sua atuação como líder tivesse sido efetiva e duradoura, transcendendo a sua própria morte. Tornou-se desnecessário, porém eternamente relevante.

Assim como Moisés, outros grandes líderes da história mais recente, como o ativista indiano Mahatma Gandhi (1869-1948), o pastor e ativista norte-americano Martin Luther King (1929-1968) e o líder político sul-africano Nelson Mandela (1918-2013) foram fundamentais para avançar as causas que defendiam, não somente durante suas vidas, mas por meio do legado que deixaram após suas mortes. Gandhi foi assassinado um ano após ter conseguido libertar a Índia do domínio britânico e outros líderes continuaram seu trabalho por uma nação mais próspera e desenvolvida. Em 2009, Barack Obama tomou posse como o primeiro presidente negro dos Estados Unidos. Isso só foi possível pela contribuição de Martin Luther King, na década de 1960, no avanço da causa da igualdade racial. Nelson Mandela foi responsável pelo fim do regime de Apartheid na África do Sul , outros líderes que vieram depois continuam a luta que ele começou para criar um país mais justo e sem ódio racial.

Trazendo esse contexto para o mundo empresarial, é comum que as pessoas queiram se tornar necessárias por diversas razões: para manter seus empregos, porque não acreditam que os outros consigam fazer um trabalho tão bem quanto eles, por serem controladores e até para se sentirem úteis.

Obviamente que no começo de um novo trabalho ou na criação de uma empresa você é totalmente necessário. Porém, é fundamental percebermos que precisamos gradativamente nos tornar menos necessários para podermos evoluir em nossas carreiras. No mundo empresarial, não é possível fazer uma empresa crescer se todas as funções dela têm que passar pelo empreendedor. Pensando no mundo corporativo, é impossível alguém ser promovido a um cargo gerencial, por exemplo, se continua sendo necessário para realizar suas funções de especialista. No meu livro *O líder alfa*,[46] apresento um conceito que chamo de "teoria

---

[46] GRINBERG, R. **O líder alfa**: desenvolva o instinto da liderança e forme equipes de alta perfomance. São Paulo: Gente, 2014.

do balão". Como líder corporativo ou empresário, se você não conseguir desenvolver os membros da sua equipe para que possa se tornar "desnecessário", esses funcionários se transformarão em verdadeiras "bolas de ferro" amarradas ao seu calcanhar, mantendo você onde está ou, pior ainda, puxando-lhe para baixo.

Por outro lado, se você investir tempo e energia para desenvolver os membros da sua equipe, eles se transformarão em verdadeiros balões de gás, levando você para cima junto com eles (aqui estou me referindo àqueles balões de gás hélio que todos nós já tivemos quando criança e que em algum momento escapavam de nossas mãos e, para o nosso desespero, subiam para as nuvens). **Em outras palavras, quanto mais pessoas você desenvolver e, portanto, quanto menos necessário você se tornar naquele contexto que está inserido, mais rápido você poderá evoluir em sua carreira ou fazer a sua empresa crescer de maneira exponencial.**

DESNECESSÁRIO E FELIZ

Rodrigo criou uma agência de publicidade, trabalhando apenas para um cliente. Como era muito competente no que fazia, logo recebeu recomendações de seu único cliente e conseguiu mais dois clientes. Com três clientes, Rodrigo contratou seu primeiro funcionário. Porém, não tinha jeito, ele tinha que se envolver em todas as partes das campanhas, pois o funcionário era "júnior" e Rodrigo não tinha tempo de ensinar tudo para ele. A agência foi crescendo e, dos três clientes iniciais, chegou a ter mais de cem clientes. Algo que é motivo de orgulho para qualquer empresário.

Porém, mesmo com a ajuda de quase trinta funcionários, Rodrigo não tinha mais vida. Começava sua jornada de trabalho às 7h e só saia da agência por volta das 10 horas da noite. Começou a ganhar peso, sentir-se cronicamente cansado e sua vida pessoal também começou a sofrer os impactos dessas longas jornadas de trabalho.

Rodrigo sempre acreditou que isso era normal no começo de qualquer empresa e que uma hora iria melhorar. Mas o problema é que a empresa já tinha três anos e não havia sinais de que esse padrão de trabalho que ele mesmo tinha criado fosse se alterar.

Chegou a um ponto em que ele já não tinha mais prazer em ir à agência. Entrava em conflitos o tempo todo com seus funcionários e às vezes até com clientes. Com tudo isso, a agência continuava crescendo e gerando excelentes ganhos (o que, de certa maneira, o mantinha motivado a voltar todos os dias, mesmo sem ter o mesmo prazer de quando tinha começado o negócio). Porém, Rodrigo estava chegando a um ponto insustentável.

Quando comecei a trabalhar com ele, o seu pensamento, quase que obsessivo, era o de vender a agência e poder tirar um ano sabático. Porém, como Rodrigo era totalmente *necessário* para o bom funcionamento da agência, essa possibilidade era praticamente inexistente. Após alguns dias de conversas, ficou claro para mim e, felizmente para o Rodrigo também, que ele na verdade não tinha criado um negócio exatamente, mas um autoemprego.

Rodrigo tinha experiências passadas (e recentes) de que se ele não se envolvesse em algum projeto, as coisas não andavam direito. Porém, quando entrevistei alguns de seus funcionários, o feedback quase unânime que recebi é que ele, ao menor sinal de dúvida de um dos seus funcionários, acabava dominando a tarefa. Além de gerar trabalho extra para si mesmo, isso causava frustração em muitas pessoas e, por isso, a agência tinha muita rotatividade. Em outras palavras, cada vez que Rodrigo "sequestrava" uma tarefa, ele tirava a confiança daquele funcionário que, consequentemente, da próxima vez que tivesse uma dúvida, iria consultar Rodrigo em vez de tomar suas próprias decisões. Com o tempo, aquela pessoa acabava saindo da agência e Rodrigo começava tudo de novo com outro funcionário, em um verdadeiro círculo vicioso. Não era necessário ser um consultor genial para entender que essa fórmula não era sustentável. Ele até conseguia enxergar isso, mas simplesmente não era capaz de mudar seu padrão.

O trabalho demorou alguns meses para, em primeiro lugar, mudar o *mindset* daquele empresário para que aceitasse que um bom líder não cria cópias de si mesmo, mas outros líderes que possam trabalhar de maneira independente. A partir disso, aplicamos na agência uma metodologia que eu desenvolvi chamada "código da excelência". Basicamente, esse código define os momentos mais relevantes de cada função e o que é esperado de um profissional de alta performance naquela empresa. Com essas referências claras e por escrito, agora Rodrigo podia ficar mais tranquilo porque a sua "mágica" estava mais fácil de ser replicada.

Com isso, ele parou de ficar "em cima" das pessoas, o que os deixou mais tranquilos para trabalhar, começando o processo de se tornar desnecessário. Os funcionários se sentiram mais empoderados... mais motivados e, consequentemente... a performance deles melhorou. Além disso, contratamos uma pessoa sênior para assumir parte das funções dele, o que foi fundamental no processo (o código da excelência é uma evolução dos antigos "modelos de competência" que definiam as competências necessárias para cada profissional em uma organização, porém, entre outras diferenças, o código da excelência é dinâmico, ou seja, é baseado nos momentos em que uma competência precisa ser usada e como ela deve ser usada. Entrarei em mais detalhes quando, posteriormente, apresentar o método).

Seis meses após o trabalho ter sido iniciado, obviamente que nem tudo estava perfeito, mas agora Rodrigo chegava em casa em horários "normais". Foi a um médico para começar uma reprogramação alimentar. Voltou a praticar esportes e a treinar na academia. Atualmente, pouco mais de um ano após o trabalho ter sido iniciado, o empresário trabalha em média oito horas por dia, perdeu 12 quilos e tornou-se um ávido corredor. Sua função evoluiu para que ele se envolva nas questões mais estratégicas da empresa, além de ter se tornado um verdadeiro *coach* de seus gerentes.

Instalou a política de dias de *home office* e horários flexíveis em sua agência, tanto para ele como para todos os funcionários. A agência continuou com ganhos similares, mas o nível de satisfação de Rodrigo e de seus funcionários aumentou exponencialmente. Ah, e algo muito importante aconteceu: ele voltou a ter prazer em ir para a agência. Acredito que todas essas mudanças, em breve, serão também sentidas nos resultados financeiros da empresa, mas, nesse caso, a métrica principal era algo muito mais importante que aumentar o faturamento ou o lucro da agência, era "devolver a vida" ao fundador da empresa.

É normal que você ainda possa estar achando estranho essa questão de se tornar desnecessário. Um erro que noto que muitas pessoas cometem é não entender a diferença entre tornar-se desnecessário *versus* irrelevante. Todos os líderes que descrevi se tornaram desnecessários, mas se mantiveram relevantes porque, justamente, entenderam que precisavam criar algo que fosse maior que eles.

No clássico livro *O gene egoísta*,[47] o biólogo evolucionista Richard Dawkins tornou mais acessível para o público em geral o que é conhecido como a "regra da seleção de parentesco de Hamilton", que explica de maneira científica por que uma mãe ou pai arrisca a própria vida para proteger os seus filhos. Se os filhos morrerem, os genes morrem com eles; porém, se os pais morrerem e os filhos sobreviverem, seus genes passarão para as próximas gerações, pois os filhos possuem 50% dos genes da mãe e 50% do pai. Se um líder fizer um bom trabalho, seu legado (como no caso dos genes) também passará para as próximas gerações.

---

[47] DAWKINS, R. **O gene egoísta**. São Paulo: Companhia das Letras, 2007.

> **Um método para se tornar desnecessário (porém, mantendo-se relevante!)**

Crie um "código da excelência". Partindo de um exemplo em que você queira criar na sua empresa um "código de excelência comercial" (você pode criar outros códigos de excelência, como de liderança, inovação etc.), será necessário mapear quais são os momentos críticos do processo de vendas e quais são os comportamentos que você julga excelentes (ou que os seus *top* vendedores apresentam) nesses momentos críticos. É importante mapear também os comportamentos "não excelentes" porque eles deixam mais claros os "pontos cegos" que os funcionários podem ter em relação a certos comportamentos. Veja na matriz a seguir um excerto usando dois momentos críticos de um exemplo de código da excelência comercial.

COMPORTAMENTOS DE UM VENDEDOR EXCELENTE	COMPORTAMENTOS DE UM VENDEDOR MEDIANO
Momento crítico 1 – Reunião comercial: ▷ Valida as expectativas do cliente; ▷ Adapta a linguagem e a mensagem de acordo com a evolução da reunião; ▷ Expressa de maneira simples a proposta de valor do que está vendendo; ▷ Sempre sai com um compromisso da reunião.	Momento crítico 1 – Reunião comercial: ▷ Conduz a conversa na direção do que ele quer falar sem entender o que o cliente está buscando; ▷ Fala mais do que escuta e infere erroneamente informações que o cliente não comunicou; ▷ Não tem informações suficientes para poder se aprofundar nas conversas; ▷ Confunde persistência com ineficiência.

COMPORTAMENTOS DE UM VENDEDOR EXCELENTE	COMPORTAMENTOS DE UM VENDEDOR MEDIANO
Momento crítico 2 – Seguimento da reunião comercial: ▷ Formaliza os pontos acordados na reunião e os próximos passos; ▷ Busca informações adicionais e envolve as pessoas apropriadas para responder a eventuais preocupações do cliente; ▷ Detalha o ocorrido na reunião em algum sistema de ERP; ▷ Baseia suas decisões em informações concretas discutidas na reunião.	Momento crítico 2 – Seguimento da reunião comercial: ▷ Contata o cliente repetitivamente sem nenhuma informação adicional relevante; ▷ Cria falsas expectativas em relação ao que pode ser entregue; ▷ Mantém tudo o que foi discutido apenas em sua cabeça; ▷ Toma decisões baseadas em seu *feeling*.

Algo importante para se ter em mente é que mesmo um vendedor considerado excelente de maneira geral pode apresentar comportamentos não tão excelentes em certos momentos. Por isso o código da excelência é tão importante não somente para ajudar a nivelar por cima todos os vendedores, mas também para aqueles que estão indo bem tenham consciência de quais eventuais comportamentos eles também podem melhorar.

FAÇA AS PERGUNTAS CORRETAS

Uma máxima dos conceitos de liderança nos diz que o bom líder não precisa saber todas as respostas, mas certamente precisa fazer as perguntas corretas. Isso se aplica também ao conceito de se tornar desnecessário. Eric Schmidt, quando era CEO da Google, dizia: "nós gerenciamos essa empresa através de perguntas, não de respostas". Através de perguntas bem construídas, conseguimos extrair as informações cruciais para podermos tomar boas decisões. Da mesma maneira que temos que fazer aquelas três perguntas fundamentais que apresentei no princípio 8 (*Ir além do "trabalhar duro"*) para nos mantermos focados no que realmente importa, é importante que durante todo um projeto ou tarefa estejamos constantemente fazendo as "perguntas corretas" para aqueles que estão trabalhando conosco e para nós mesmos.

==Indo além, é importante que você não somente faça as perguntas corretas, mas também que ensine as pessoas que trabalham com você a fazerem essas perguntas.== Quando as pessoas que trabalham conosco começam a fazer as "perguntas corretas" para elas mesmas, estamos no caminho certo para gerar independência em nossas equipes, consequentemente nos liberando para pensar nas questões mais estratégicas. Sendo mais específico, "perguntas corretas":

- buscam aprofundamento nas questões expostas;
- evitam fazer julgamentos de valor;
- convidam a reflexões que possam gerar insights relevantes sobre o assunto em questão;
- são mais focadas no futuro do que no passado.

Já perguntas "não tão corretas" diminuem, em vez de expandir, a capacidade dos funcionários. Por exemplo, perguntas como: "quando você vai enviar o e-mail para fulano para resolver esse assunto?", em geral acabam diminuindo a autonomia de um funcionário. Em contrapartida, uma pergunta como: "o que você pretende fazer como próximo passo para resolver essa questão?" faz a pessoa refletir e por consequência ajuda a desenvolver a capacidade dessa pessoa de resolver problemas.

Ou, quando notar um erro de um funcionário, em vez de perguntar: "por que você fez isso dessa maneira?", diga algo como: "quais alternativas você pode buscar para solucionar essa questão?" ou "como eu posso ajudar a encontrar uma solução para essa questão?" e assim por diante.

▶ Pare de "dar peixes"

Todo mundo já ouviu o ditado: "se deres um peixe a um homem faminto, vais alimentá-lo por um dia. Se o ensinares a pescar, vais alimentá-lo por toda a vida". Na função de líder, deveríamos seguir o mesmo princípio porque, no mundo empresarial, se dermos o peixe para nossos liderados, o problema não é somente que eles não aprenderão a pescar, mas também que eles começarão a pedir "arroz e batata fritas" de acompanhamento. Ou seja, você criará um problema maior para você mesmo. **Por isso, uma das habilidades mais importantes para um líder de alta performance é aprender a delegar. A importância de delegar é algo que todos aprendem na primeira lição (formal ou informal) de gestão, porém, na prática, poucos sabem aplicar.**

O erro mais comum que vejo em líderes e gestores tanto iniciantes como experientes é pensar que delegar significa assinalar tarefas que eles não queiram fazer. Isso até eventualmente pode fazer parte do ato de delegar, mas de maneira alguma é a essência. Se formos buscar o significado da palavra "delegar", encontraremos algo do gênero: "conferir a (alguém) poder e representatividade para". Ou seja, delegar tem a ver com empoderar alguém para que essa pessoa nos represente. Portanto, se essa pessoa vai nos representar, é do nosso interesse que ela o faça da melhor maneira possível e não apenas executando tarefas que sejam menos importantes ou que não queiramos realizar. Pode parecer paradoxal (como tantos conceitos que temos visto no decorrer deste livro), mas quanto mais tempo você investir em desenvolver as pessoas que trabalham com você, e aqui não me refiro apenas a seus subordinados, mas também colegas e até chefes, mais tempo você terá para trabalhar de maneira inteligente, tornando-se cada vez mais desnecessário e exponencializando sua relevância.

É importante que você não somente faça as perguntas corretas, mas também que ensine as pessoas que trabalham com você a fazerem essas perguntas.

epílogo

Atitudes extraordinárias, uma nova visão para o futuro

Para qualquer aquarista, amador ou profissional, a imagem de um peixe nadando de barriga para cima significa más notícias. Normalmente os peixes só fazem isso quando estão doentes, sem oxigênio, ou, por qualquer motivo, próximos à morte. Porém, existe um peixe que desafia essa noção e, justamente por, de alguma maneira, literalmente mergulhar no universo das *atitudes extraordinárias*, é que quero lhe apresentar o *synodontis nigriventris*, popularmente conhecido como peixe-gato invertido. Essa espécie de peixe-gato é particularmente notável pelo hábito de nadar de maneira invertida na maior parte do tempo. Isso mesmo, ele nada com a barriga para cima. A fascinação das pessoas por esse peixe existe há séculos. Há tumbas no Egito de mais de 4 mil anos em que esse fascinante peixe aparece desenhado nas paredes.

O peixe-gato invertido nada barriga para baixo na maior parte do tempo.

Mas por que esse peixe faz algo tão diferente em relação aos outros? Qual o benefício disso, se é que existe algum? E, se há alguma vantagem, por que todos os outros peixes não adotam o mesmo comportamento? Existem diversas teorias dos possíveis benefícios desse comportamento inusitado do peixe-gato invertido. Lauren Chapman, professora de biologia da Universidade de McGill, em Montreal, no Canadá, que estuda o comportamento desses peixes há mais de vinte anos, descobriu que a posição de nadar invertida dessa espécie os ajuda a respirar na superfície de maneira mais fácil do que os peixes que nadam do jeito tradicional.[48] Essa é uma habilidade particularmente importante em ambientes onde o oxigênio se torna mais escasso na água, fato que vem acontecendo cada vez com mais frequência em uma quantidade enorme de rios, lagos e mares, devido à ação do homem, que tem gerado diversos tipos de lixo e poluição.

Obviamente que existem agentes poluentes na natureza independentes da ação humana e essa característica do peixe-gato invertido certamente se desenvolveu devido ao habitat em que ele vivia muito antes da ação humana. **Porém, é como se, de alguma maneira premonitória, esse peixe já estivesse se preparando para uma mudança de paradigma sem precedentes que eventualmente ocorreria com a ação humana intensificando a poluição de rios, lagos e mares.** Com o que vem ocorrendo no meio ambiente, talvez daqui a alguns milhares ou milhões de anos, todos os peixes nadarão de maneira invertida... ou morrerão.

Quem sabe esse fascinante exemplo vindo do mundo natural seja uma importante lição que tenhamos que aprender. O que no passado era considerado "normal", como espetáculos em que gladiadores se matavam aos aplausos de uma audiência entusiasmada, a escravidão

---

[48] KENNERSON, E.; INGLIS, N. The mystery of the upside-down catfish. **KQED**. Disponível em: https://www.kqed.org/science/1922038/the-mystery-of-the-upside-down-catfish. Acesso em: jan. 2021.

Quem sabe esse fascinante exemplo vindo do mundo natural seja uma importante lição que tenhamos que aprender.

EPÍLOGO

e opressão de minorias, ou, ainda, a supressão de direitos das mulheres, já não são mais considerados normais pela esmagadora maioria das pessoas, e sim uma violação dos direitos humanos mais básicos. Da mesma maneira, muitos hábitos, comportamentos, conceitos e atitudes que são considerados normais atualmente, talvez não o sejam mais em um futuro próximo.

Em 2004, Klaus Wuestefeld, um empreendedor e exímio desenvolvedor de softwares com quem tive o prazer de conversar em algumas ocasiões, publicou em um despretensioso blog [49] uma visão futurista de um mundo em que não receberíamos mais mensagens de *spam*, não necessitaríamos mais de listas de discussão de e-mails, não precisaríamos ficar atribuindo/revogando direitos de acesso para grupos e principalmente não seríamos subjugados pelo que ele chamou de "autoridades" da internet. Klaus chamou o conceito de "computação soberana".

Em 2021, ainda estamos bem distantes desse mundo futurista que Klaus descreveu em sua publicação de 2004, mas é justamente essa habilidade de poder imaginar futuros tão distantes da nossa realidade ou, na linguagem deste livro, esse conjunto de *atitudes extraordinárias*, o que faz a grande diferença no mundo. Sem essa capacidade, não teríamos grandes revoluções tecnológicas, como a invenção do telefone, da TV, da internet, do iPhone e, para usar um exemplo mais recente, a criação da empresa Space X, de Elon Musk, que visa um dia colonizar Marte.

---

[49] LINHA de Código. **Computação Soberana.** Disponível em: http://www.linhadecodigo.com.br/artigo/2225/computacao-soberana.aspx. Acesso em: jan. 2021.

É justamente essa habilidade de poder imaginar futuros tão distantes da nossa realidade ou, na linguagem deste livro, esse conjunto de atitudes extraordinárias, o que faz a grande diferença no mundo.

palavras finais

No mundo que apareceu a partir do surgimento da pandemia de covid-19, muitos paradigmas já foram colocados em xeque e vejo que muitos conceitos que desafiam o senso comum já não estão encontrando tanta resistência. Muitos de nós acabamos descobrindo coisas que a vida da quarentena e do isolamento social aguçou em nossa percepção, apesar de sempre estarem lá. Eu, particularmente, entre tantas descobertas, pude valorizar ainda mais o trabalho de cuidar dos filhos e da casa que minha esposa por muitos anos liderou tão bravamente. Até agora não consigo entender como é possível aparecer tanta louça para lavar em uma família com apenas quatro pessoas!

Não sabemos exatamente quais mudanças permanecerão e quais serão passageiras. Mas sabemos, sim, o que o naturalista inglês Charles Darwin (1809-1882) postulou em 1859 em sua famosa obra *A origem das espécies*,[50] sobre a constante evolução das espécies, e que foi magnificamente adaptado para o mundo dos negócios na frase do escritor e professor de Administração norte-americano Leon C. Megginson (1921-2010): "não é o mais forte que sobrevive, nem o

---

50 DARWIN, C. **A origem das espécies**: a origem das espécies por meio da seleção natural ou a preservação das raças favorecidas na luta pela vida. São Paulo: Martin Claret, 2014.

mais inteligente, mas o que melhor se adapta às mudanças".[51] É um conceito mais atual e relevante do que nunca.

==Durante todo este livro apresentei argumentos de como atingir sucesso profissional aplicando as estratégias e conceitos daqueles que desenvolveram as *atitudes extraordinárias*.== Porém, não podemos perder de vista que em muitos aspectos da vida, prevalecerá o velho *bom senso*. Isso mesmo, por mais que o mundo evolua e tudo mude, atitudes como respeitar o próximo, estender a mão àqueles que precisam de ajuda, ser honesto e agir com ética acompanharão, hoje e sempre, as pessoas verdadeiramente bem-sucedidas. Você deve se lembrar que quando abordei o Princípio 4 (Redefinir o conceito de proatividade), apresentei a seguinte pergunta: como saber quando ser proativo e quando saber esperar? Meu caro leitor, a pura verdade é que não existe fórmula. É necessário também usar o *bom senso* de acordo com cada situação.

==O meu maior objetivo com este livro era convidá-lo a fazer reflexões que acredito serem fundamentais para o nosso desenvolvimento profissional e pessoal.== Se você, além de ter aprendido algo com esta leitura, ficou com dúvidas e incertezas, então atingi a minha missão com plenitude.

Agradeço por ter me acompanhado em mais essa jornada, a qual tive a honra de conduzi-lo. Despeço-me lhe brindando com uma breve reflexão sobre a obra *Os irmãos Karamazov*, do grande escritor e

---

[51] Apesar de ser recorrentemente atribuída a Charles Darwin, a ponto de ter sido afixada na Academia de Ciências da Califórnia e removida depois, tal frase nunca foi dita ou escrita pelo naturalista britânico, segundo os maiores especialistas em sua obra. O primeiro registro da citação como é conhecida surgiu em 1963 em um texto de Leon C. Megginson, professor de Administração e Marketing na Louisiana State University, nos EUA, que teria feito uma interpretação particular a partir dos escritos de Darwin. Fontes: (1) BIBLIOTECA DA UNIVERSIDADE DE CAMBRIDGE. The evolution of a misquotation. **Darwin Correspondence Project**. Disponível em: https://www.darwinproject.ac.uk/people/about-darwin/six-things-darwin-never-said/evolution-misquotation. (2) O'TOOLE, G. It is not the strongest of the species that survives but the most adaptable. **Quote Investigator**, 4 maio 2014. Disponível em: https://quoteinvestigator.com/2014/05/04/adapt/. Acessos em: 17 mar. 2021.

Por mais que o mundo evolua e tudo mude, atitudes como respeitar o próximo, estender a mão àqueles que precisam de ajuda, ser honesto e agir com ética, acompanharão, hoje e sempre, as pessoas verdadeiramente bem-sucedidas.

PALAVRAS FINAIS

pensador russo Fiódor Dostoiévski (1821-1881), feita por Rubem Alves, que sumariza com maestria a alma das *atitudes extraordinárias*:

> **"O vazio é o espaço da liberdade, a ausência de certezas. Mas é isso o que tememos: o não ter certezas. Por isso trocamos o voo por gaiolas. As gaiolas são o lugar onde as certezas moram."**[52]

---

[52] ALVES, R. **Religião e Repressão**. São Paulo: Edições Loyola, 2005. p. 9.

PALAVRAS FINAIS

Se você, além de ter aprendido algo com esta leitura, ficou com dúvidas e incertezas, então atingi a minha missão com plenitude.

bibliografia

LIVROS

ALVES, R. **Religião e Repressão**. São Paulo: Edições Loyola, 2005. p. 9.

ALVES, R. **Sete vezes Rubem**. Campinas: Papirus, 2012.

BONDER, Nilton. **A cabala do dinheiro**. Rio de Janeiro: Rocco, 2010.

COLLINS, J.; PORRAS, J. **Feitas para durar**: práticas bem-sucedidas de empresas visionárias. Rio de Janeiro: Alta Books, 2020.

COVEY, S. **A terceira alternativa**: resolvendo os problemas mais difíceis da vida. Rio de Janeiro: BestSeller, 2015.

DARWIN, C. **A origem das espécies**: a origem das espécies por meio da seleção natural ou a preservação das raças favorecidas na luta pela vida. São Paulo: Martin Claret, 2014.

DAWKINS, R. **O gene egoísta**. São Paulo: Companhia das Letras, 2007.

EPSTEIN, D. **Por que os generalistas vencem em um mundo de especialistas**. Rio de Janeiro: Globo Livros, 2020.

FERRISS, T. **Trabalhe 4 horas por semana**: fuja da rotina, viva onde quiser e fique rico. São Paulo: Planeta do Brasil, 2016.

GLADWELL, M. **Davi e Golias**: a arte de enfrentar gigantes. Rio de Janeiro: Sextante, 2014.

GRANT, A. **Originals**: How Non-Conformists Move the World. Nova York: Penguin Books, 2016.

GRINBERG, R. **A estratégia do olho de tigre**: atitudes poderosas para o sucesso na carreira e nos negócios. São Paulo: Gente, 2011.

GRINBERG, R. **A excelência do olho de tigre**: como atingir resultados cada vez mais extraordinários como profissional ou empreendedor. São Paulo: Gente, 2016.

GRINBERG, R. **O instinto do sucesso**: transforme seus impulsos primitivos em poderosos aliados na sua carreira e nos negócios. São Paulo: Gente, 2013.

GRINBERG, R. **O líder alfa**: desenvolva o instinto da liderança e forme equipes de alta perfomance. São Paulo: Gente, 2014.

JOHNSON, S. **De onde vêm as boas ideias**. Rio de Janeiro: Zahar, 2011.

KAHNEMAN, D. **Rápido e devagar**. Rio de Janeiro: Objetiva, 2012.

KIM, W. C.; MAUBORGNE, R. **A estratégia do oceano azul**: como criar novos mercados e tornar a concorrência irrelevante. Rio de Janeiro: Sextante, 2018.

MORAES, V. Soneto de fidelidade. **Soneto de fidelidade e outros poemas**. Rio de Janeiro: Ediouro, 1997.

PARRADO, N. **Miracle in the Andes**: 72 days on the Mountain and my Long Trek Home. Londres: Orion Books, 2006.

PARTNOY, F. **Wait**: The Art and Science of Delay. Londres: Profile Books, 2012.

PINK, D. H. **Quando**: os segredos científicos do timing perfeito. Rio de Janeiro: Objetiva, 2018.

READ, P.; P. **Alive**: The Story of the Andes Survivors. Nova York: Avon, 2002.

ROGERS, C.; FARSON, R. Active Listening. *In*: NEWMAN, R.; DANZIGER, M.; COHEN, M. (eds.) **Communicating in Business Today**. Lexington: D.C. Heath & Company, 1987.

SCHWARZENEGGER, A. **Arnold Schwarzenegger**: a Inacreditável história da minha vida. Rio de Janeiro: Sextante, 2012.

SILVA, A. **Mentes perigosas**: o psicopata mora ao lado. Rio de Janeiro: Principium, 2018.

SUTTON, R. I.; PFEFFER, J. **A verdade dos fatos**: gerenciamento baseado em evidências. Rio de Janeiro: Elsevier, 2006.

WEIL, P.; TOMPAKOW, R. **O corpo fala**: a linguagem silenciosa da comunicação não verbal. Petrópolis: Vozes, 1973.

ARTIGOS

ANTUNES, G. Heitor Villa-Lobos. **Violão brasileiro**. Disponível em: https://www.violaobrasileiro.com.br/dicionario/heitor-villa-lobos. Acesso em: 15 mar. 2021.

BEARD, A. Making a backup plan undermines performance. **Harvard Business Review**, set. 2016. Disponível em: https://hbr.org/2016/09/making-a-backup-plan-undermines-performance#:~:text=We%20think%20that%20when%20achieving,the%20promised%20reward%20of%20%241. Acesso em: 17 mar. 2021.

BENSON, K. The magic relationship ratio, according to science. **The Gottman Institute**, 4 out. 2017. Disponível em: https://www.gottman.com/blog/the-magic-relationship-ratio-according-science/. Acesso em: jan. 2021.

BIBLIOTECA DA UNIVERSIDADE DE CAMBRIDGE. The evolution of a misquotation. **Darwin Correspondence Project**. Disponível em: https://www.darwinproject.ac.uk/people/about-darwin/six-things-darwin-never-said/evolution-misquotation. Acesso em: 17 mar. 2021.

CFI. **Point of diminishing returns**. Disponível em: https://corporatefinanceinstitute.com/resources/knowledge/economics/point-of-diminishing-returns/. Acesso em: fev. 2021.

EINSTEIN – O homem que mudou o mundo. **Superinteressante**, 31 out. 2016. Disponível em: https://super.abril.com.br/comportamento/einstein-o-homem-que-mudou-o-mundo. Acesso em: dez. 2020.

GIBBS, P.; HIROSHI, S. (atualização). What is Occam's razor? **The Physics and Relativity FAQ**, 1996; 1997 (atualização). Disponível em: https://math.ucr.edu/home/baez/physics/General/occam.html#:~:text=%22when%20you%20have%20two%20competing,simpler%20one%20is%20the%20better.%22. Acesso em: 17 mar. 2021.

GIGANTE, M. 30+ artificial intelligence statistics for 2019. **G2 Learning Hub**, 1 abr. 2019. Disponível em: https://learn.g2.com/artificial-intelligence-statistics. Acesso em: 17 mar. 2021.

KENNERSON, E.; INGLIS, N. The mystery of the upside-down catfish. **KQED**. Disponível em: https://www.kqed.org/science/1922038/the-mystery-of-the-upside-down-catfish. Acesso em: jan. 2021.

LINHA de Código. **Computação Soberana**. Disponível em: http://www.linhadecodigo.com.br/artigo/2225/computacao-soberana.aspx. Acesso em: jan. 2021.

MENEZES, T. Zygmunt Bauman: pensamentos profundos num mundo líquido. **Superinteressante**. 30 out. 2019. Disponível em: https://super.abril.com.br/cultura/zygmunt-bauman-pensamentos-profundos-num-mundo-liquido/. Acesso em: mar. 2021.

O'TOOLE, G. It is not the strongest of the species that survives but the most adaptable. **Quote Investigator**, 4 mai. 2014. Disponível em: https://quoteinvestigator.com/2014/05/04/adapt/. Acesso em: 17 mar. 2021.

O'KEEFE, P. A. Liking work really matters. **The New York Times**, 5 set. 2014. Disponível em: https://www.nytimes.com/2014/09/07/opinion/sunday/go-with-the-flow.html. Acesso em: 17 mar. 2021.

PARADOX (n.). *In*: ONLINE Etymology Dictionary. Disponível em: https://www.etymonline.com/word/paradox. Acesso em: dez. 2020.

SHIN, J.; MILKMAN, K. How backup plans can harm goal pursuit: the unexpected downside of being prepared for failure. **ScienceDirect**, jul. 2016, 135, pp. 1-9. Disponível em: https://www.sciencedirect.com/science/article/abs/pii/S0749597816302096. Acesso em: 17 mar. 2021.

SYNNOTT, M. Como Alex Honnold escalou – sem cordas – a parede mais temida do mundo. **National Geographic**. 25 fev. 2019. Disponível em: https://www.nationalgeographicbrasil.com/aventura/2019/02/como-alex-honnold-escalou-sem-cordas-parede-mais-temida-do-mundo. Acesso em: dez. 2020.

STURT, D.; NORDSTROM, T. 10 shocking workplace stats you need to know. **Forbes**, 8 mar. 2018. Disponível em: https://www.forbes.com/sites/davidsturt/2018/03/08/10-shocking-workplace-stats-you-need-to-know/?sh=7400c013f3af. Acesso em: nov. 2020.

UFC É vendido a grupo chinês por US$ 4 bilhões. **Veja**, 11 jul. 2016. Disponível em: https://veja.abril.com.br/esporte/ufc-e-vendido-a-grupo-chines-por-us-4-bilhoes/. Acesso em: mar. 2021.

VERSIGNASSI, A. O que é o gato de Schrödinger? **Superinteressante**. Disponível em: https://super.abril.com.br/mundo-estranho/o-que-e-o-gato-de-schrodinger/.

Acesso em: dez. 2020. ZANG, B. Is Occam's razor always true? **Encyclopædia Britannica**, Disponível em: https://www.britannica.com/story/is-occams-razor-always-true. Acesso em: 17 mar. 2021.

MÚSICA

POR ENQUANTO. Intérprete: Legião Urbana. *In*: LEGIÃO URBANA. Rio de Janeiro: EMI Music, 1985. Faixa 11.

FILMES

FREE SOLO. Direção: Jimmy Chin; Elizabeth Chai Vasarhelyi. EUA: National Geographic Documentary Films, 2018. DVD (100 min).

O CÓDIGO BILL GATES. Direção: Davis Guggenheim. EUA: Concordia Studio; Netflix, 2019. VOD (3 episódios). Disponível em: www.netflix.com.br. Acesso em: 17 mar. 2021.

VIVOS. Direção: Frank Marshall. EUA: Paramount Pictures, 1993. VOD (120 min).

PALESTRA

SCHULZ, K. SOBRE ESTAR ERRADO. 2011. Vídeo (17min45s). TED. Disponível em: https://www.ted.com/talks/kathryn_schulz_on_being_wrong?language=pt-br. Acesso em: 17 mar. 2021.

Esse livro foi impresso
pela Gráfica Rettec em
papel pólen bold 70g
em junho de 2021.